China Carbon Neutrality Investor Map

中国“双碳”投资地图

主编◎杨华辉

中国金融出版社

责任编辑：王雪珂
责任校对：潘　洁
责任印制：陈晓川

图书在版编目(CIP)数据

中国“双碳”投资地图 / 杨华辉主编. —北京：中国金融出版社，2023.11
ISBN 978-7-5220-2191-1

Ⅰ.①中… Ⅱ.①杨… Ⅲ.①绿色经济—投资—研究—中国 Ⅳ.①F120.3

中国国家版本馆CIP数据核字（2023）第200845号

中国“双碳”投资地图
ZHONGGUO SHUANGTAN TOUZI DITU

出版
发行　中国金融出版社

社址　北京市丰台区益泽路2号
市场开发部　(010) 66024766，63805472，63439533（传真）
网 上 书 店　www.cfph.cn
　　　　　　(010) 66024766，63372837（传真）
读者服务部　(010) 66070833，62568380
邮编　100071
经销　新华书店
印刷　保利达印务有限公司
尺寸　169毫米×239毫米
印张　13.25
字数　150千
版次　2023年11月第1版
印次　2023年11月第1次印刷
定价　80.00元
ISBN 978-7-5220-2191-1

编 委 会

此外，感谢David Sanchez, Guliz Berfin Koldas, Tomas Larson, Niko Moesgaard
对本书撰写所做的贡献

免责声明

《中国“双碳”投资地图》为全球可持续发展目标投资者地图系列中国篇二期成果技术报告，由兴业证券股份有限公司和联合国开发计划署驻华代表处合作开发。

本报告所引材料不在任何程度和方面表达或暗示联合国对于任何国家、地域、城市或地区的法律地位或合法性，以及其版图及边界划分的立场和观点。

报告所述观点仅代表编写团队的研究成果，不代表联合国（包括联合国开发计划署）以及联合国成员国（包括中国）的相关工作的执行依据。本报告所载资料的来源被认为是可靠的，但编写团队不保证其准确性或完整性，也不保证所包含的信息和建议不会发生任何变更。编写团队并不对使用本报告所包含的材料产生的任何直接或间接损失或与此相关的其他任何损失承担任何责任。

除非另行说明，本报告中所引用的关于业绩的数据代表过往表现。过往的业绩表现也不应作为日后回报的预示。我们不承诺也不保证，任何预示的回报会得以实现。分析中所作的回报预测可能是基于相应的假设。任何假设的变化都可能会显著地影响所预测的回报。

序一

2022年是《联合国气候变化框架公约》签署生效的30周年。然而，30年后的今天，我们非但未能远离气候灾难，反倒促使其加速向我们逼近。从巴基斯坦夏季的毁灭性洪水危机，到美国冬季的大规模风暴事件，极端天气和气候事件给人类带来了巨大的生命与财产损失。全球二氧化碳排放已达历史最高水平。按当下趋势，气候变暖将远超《巴黎协定》规定的1.5摄氏度，甚至有可能翻番达到3摄氏度以上。全球近一半人口（35亿）生活在“气候脆弱”地区，他们正面临家园受损、无处可居的风险。

为保卫人类与地球共同的未来，我们必须采取紧急行动，避免走向灾难的深渊。金融在其中承担重要的角色。为推动全球能源转型，实现《巴黎协定》目标，我们面临约4.4万亿美元/年的资金缺口。这一缺口听起来数额巨大，但事实上，只需对全球百分之一的金融资产重新配置便足以将其填补。问题从不是资金的匮乏，而是资金的分配方式。解决问题的第一步即为改变我们在金融决策中对于风险与机遇的把握与认知。

出于对可持续发展项目短期回报风险的过度担忧，投资者们往往忽视了真正的风险——与日俱增的资产搁浅风险。当今世界，自然灾害频发，环保政策力度不断加大，颠覆性能源转型技术呼之欲出，这意味着碳密集型和污染型资产的价值将可能急剧下降。据联合国政府间气候变化专门委员会（IPCC）预估，在全球气候变暖2摄氏度情景下，总计约4万亿美元的化石燃料及相关基础设施涉及资产将被"搁浅"。同时，这种情景也将威胁商业活动赖以依存的自然资源（如水资源获取）和环境稳定性，由此造成其他相关资产的损失。相反地，为可持续发展投融资便是投资未来，便是投资增长。2030年可持续发展目标能够带来全球12万亿美元的商业机会，其中中国部分占2.3万亿美元。通过优先考虑基于自然的解决方案，商业部门有望解锁10万亿美元的商业机会并带动3.95亿人次就业机会。

为帮助投资者识别这些机遇，联合国开发计划署（UNDP）开发了可持续发展目标（SDG）投资者地图。地图作为一项影响力信息工具，旨在帮助投资者甄别既能产生积极SDG影响，又能带来财务回报的投资机会。截至目前，SDG投资者地图共覆盖近30个国家约500个投资机会领域（IOAs）。中国版SDG投资者地图的开发于2020年启动。为支持中国抗击新冠疫情，地图第一阶段工作重点分析了较为相关的医疗健康和农业食品两个产业领域。

非常感谢合作伙伴兴业证券和Impact Intelligence。在他们的大力支持下，我很高兴在此宣布——第二阶段的中国版SDG投资者地图，即中国"双碳"投资地图研究成果正式发布。该地图以中国的"双碳"目标为核心，重点探讨了循环经济和可再生能源两个产业领域的IOA，供投资者和利益相关方参考。

随着碳达峰碳中和"1+N"政策框架体系的建立，相信通过一系列的科技创新、能源保障、固碳技术、金融与定价政策、标准与测算等各项手段的支持，中国可以为全球落实2030年可持续发展议程作出积极贡献。“双碳”目标的实现需要所有利益相关方凝聚力量、共同行动。然而，对当下与未来可持续投融资机会的认识不足将导致各利益相关方间合作受阻。为弥合产业界与投资界之间的信息缺口，并向政策制定者和社会团体提供有价值的影响力信息，SDG投资者地图可发挥连接各方的桥梁性作用。我希望这项公共知识产品能够促进监管、金融机构、投资者、消费者等各方精诚合作，充分发挥各机构在低碳转型中的重要作用。

再次感谢兴业证券股份有限公司在中国“双碳”投资地图开发工作过程中给予的大力支持。希望地图的研究发现可以激发跨行业、跨领域的对话与行动，引导金融流向促进长期可持续发展的领域。我相信，我们有能力在保护地球和弱势群体的同时，为子孙后代创造福祉，实现共同繁荣。

联合国开发计划署驻华代表

白雅婷

2023年3月

序二

在全球气候与环境问题日益突出的今天，实现全球绿色可持续发展、促进人与自然和谐共生已成为构建人类命运共同体的重要一环。“双碳”目标与可持续发展目标内涵高度一致，彰显了中国推动构建人类命运共同体的责任与担当。同时，作为世界最大的经济体之一，中国实现“双碳”目标对于全球《2030年可持续发展议程》和《巴黎协定》目标的实现也有着举足轻重的作用。

进入新时代，中国推进“双碳”行动落实的步伐更加有力、成效更加显现，正在为绿色金融的发展提供源源不竭的新动力，更为资本市场和投资领域带来可持续投资的新趋势、新空间、新机遇。在此背景下，兴业证券作为中国资本市场的重要参与者，行业绿色金融的先行者、实践者和探索者，踊跃参与联合国开发计划署在引导社会资本参与和投资可持续发展领域方面的实践，共同编制了SDG投资者地图系列产品。可以预见，未来绿色领域投资规模扩容进程将进一步提速，投资者对相关领域的关注度和投资热度也将快速提升，中国“双碳”投资地图的出炉正可谓恰逢其时。

面对新机遇，近年来兴业证券始终坚持专业立司，围绕绿色金融、“双碳”等领域展开持续性系统性研究，在不断拓展与国内国际各领域交流合作的同时，也注重在自身经营发展中探索总结，加深绿色发展底色，在绿色证券金融领域积累了可观的经验，形成了绿色融资、绿色投资、绿色研究和环境权益交易“四位一体”的绿色金融综合服务体系，并在证券行业内积极发挥“四个先”的示范作用，即率先将ESG理念融入自身发展战略与经营管理实践，率先在组织架构和制度设计层面提前做出绿色金融业务发展布局，率先创设中国首只社会责任基金、首只绿色投资基金和证券行业首个ESG指数，率先编制发布《环境信息披露报告》并成为在行业中首家提出自身碳中和及绿色投融资目标的券商。同时，公司充分发挥研究专长，以《中国证券行业绿色金融发展蓝皮书》以及《证券行业助力碳达峰碳中和目标行动报告》等深度研究，助力探索中国绿色证券金融标准的制定，取得了积极的社会反响。

在全球气候变化风险加剧的大背景下，人类从未像今时今日这样休戚与共、紧密相连。习近平主席在气候雄心峰会上强调，在气候变化挑战面前，人类命运与共，只有坚持多边主义，讲团结、促合作，才能互利共赢，福泽各国人民。加快推进“双碳”目标及可持续发展目标的实现，是人类新发展的必由之路。此次隆重发布的中国“双碳”投资地图，不仅是兴业证券与UNDP战略合作的最新成果，也是兴业证券在长期深耕绿色证券发展研究前行之路上的有益尝试，我们希望借此抛砖引玉，促进行业内外在绿色金融领域进一步拓展交流合作广度、加大创新发展力度。未来，兴业证券将坚持在绿色金融领域深入探索、积极创新、推广经验，以专业和责任不断为促进经济可持续发展、建设人类美好家园贡献更多的金融力量。

兴业证券股份有限公司董事长
杨华辉
2023年3月

缩写表

BAPV	Building Applied Photovoltaics, 屋顶光伏
BIPV	Building Integrated Photovoltaics, 光伏建筑一体化
BOT	Build Operation Transfer, 建设、运营、移交（一种工程建设模式）
CAGR	Compound Annual Growth Rate, 复合年均增长率
CCER	Chinese Certified Emission Reduction, 国家核证自愿减排量
GPM	Gross Profit Margin，毛利率
GW	Gigawatt, 吉瓦，功率单位，1吉瓦=10亿瓦=1 000兆瓦=1百万千瓦
IOAs	Investment Opportunity Areas, 投资机会领域
IRR	Internal Rate of Return, 内部回报率
IRENA	International Renewable Energy Agency, 国际可再生能源署
kV	Kilovolt，千伏，电压的计量单位
NLP	Natural Language Processing, 自然语言处理方法
OECD	Organization for Economic Co-operation and Development, 经济合作与发展组织
PERC	Passivated Emitter and Rear Cell, 钝化发射极和背面电池技术
SASB	Sustainability Accounting Standards Board, 可持续发展会计准则委员会

SDG Impact	可持续发展目标影响力计划
SDGs	Sustainable Development Goals, 可持续发展目标
SICS	Sustainable Industry Classification System, 可持续行业分类系统
TOT	Transfer Own Transfer, 移交、运营、移交（一种项目融资方式）
UNDP	United Nations Development Programme, 联合国开发计划署
WCED	World Commission on Environment and Development, 世界环境与发展委员会

17个可持续发展目标（SDGs）

SDG 1—无贫穷

在世界各地消除一切形式的贫困。

SDG 2—零饥饿

消除饥饿，实现粮食安全、改善营养和促进可持续农业。

SDG 3—良好健康与福祉

确保健康的生活方式、促进各年龄段人群的福祉。

SDG 4—优质教育

确保包容、公平的优质教育，促进全民享有终身学习机会。

SDG 5—性别平等

实现性别平等，为所有妇女、女童赋权。

SDG 6—清洁饮水和卫生设施

人人享有清洁饮水及用水。

SDG 7—经济适用的清洁能源

确保人人获得可负担、可靠和可持续的现代能源。

SDG 8—体面工作和经济增长

促进持久、包容、可持续的经济增长，实现充分和生产性就业，确保人人有体面工作。

SDG 9—产业、创新和基础设施

建设有风险抵御能力的基础设施、促进包容的可持续工业，并推动创新。

SDG 10—减少不平等

减少国家内部和国家之间的不平等。

SDG 11—可持续城市和社区

建设包容、安全、有风险抵御能力和可持续的城市及人类住区。

SDG 12—负责任消费和生产

确保可持续消费和生产模式。

SDG 13—气候行动

采取紧急行动应对气候变化及其影响。

SDG 14—水下生物

保护和可持续利用海洋及海洋资源以促进可持续发展。

SDG 15—陆地生物

保护、恢复和促进可持续利用陆地生态系统、可持续森林管理、防治荒漠化、制止和扭转土地退化现象、遏制生物多样性的丧失。

SDG 16—和平、正义与强大机构

促进有利于可持续发展的和平和包容社会、为所有人提供诉诸司法的机会，在各层级建立有效、负责和包容的机构。

SDG 17—促进目标实现的伙伴关系

加强执行手段、重振可持续发展全球伙伴关系。

前言

可持续发展目标（SDG）呼吁所有国家共同采取行动，保护我们的地球和社会中最脆弱的群体，促进人类共同繁荣。目标提出，消除贫困必须与包括教育、卫生、社会保障和提供就业机会等促进经济增长和满足一系列社会需求的战略进行有机结合，同时不能忽略应对气候变化和保护环境，才能擘画人类更美好和可持续的未来蓝图。

金融在可持续发展目标实现进程中发挥重要作用。然而，数据缺乏、市场信息有限、关键市场参与者对于可持续投融资机会认知不足等问题阻碍着可持续金融市场的持续壮大。为填补数据缺口，搭建投资者与可持续项目持有者之间的沟通桥梁，联合国开发计划署（UNDP）开发了可持续发展目标（SDG）投资者地图，旨在将其用作一项公共知识产品帮助投资者和企业识别既能够产生商业回报又能促进社会经济发展的投资机会领域（IOAs）。

SDG投资者地图可用作各利益相关方进行战略开发、决策及咨询工具，为投资者、企业以及金融中介机构在开发项目之初提供市场影响力信息。企业还可以参考该地图中的影响力数据维度来指导环境和社会影响力管理及披露。此外，在政府制订投资计划时提供智力支持，为落实政策优先事项提供有效信息。SDG投资者地图在开发时严格遵循全球八步标准化方法论，构建包括发展影响力、政策优先事项、商业回报和风险因素四个关键维度的数据集。在这四个维度下，进而为每个关键IOA建立了能够涵盖投资产业、地区、商业模式、政策和市场环境、可持续发展需求、SDG对标、影响力指标等二十个数据点的数据集。

中国版SDG投资者地图的开发于2020年启动。2020年至2021年，为支持中国抗击新冠疫情，推动包容性经济复苏，地图第一阶段工作重点分析了较为相关的医疗健康和农业食品两个产业领域。2021年至2022年，中国版SDG投资者地图二期工作聚焦中国碳达峰碳中和领域的可持续投资机遇，制定了中国“双碳”投资地图（以下简称“双碳地图”或“地图”）。作为中国版SDG投资者地图二期的工作成果，双碳地图重点分析了可再生能源和循环经济两大与碳达峰碳中和目标相关的重点领域。

借助人工智能与大数据技术以及自然语言处理方法，地图对570份相关政策文件与超过10万条媒体信息进行深入分析；结合对各界专家开展广泛采访，反复论证研究结果；双碳地图最终筛选出了涵盖供水服务、垃圾管理、电力设备与发电机、生物燃料、太阳能技术和项目开发、风能技术与项目开发、燃料电池和工业电池在内的共七个重点子产业领域，以及与其密切相关的十八个关键IOAs。除此之外，双碳地图还识别出了部分其他潜在IOAs。期待在此基础上，与有意向的利益相关方合作，进一步研究相关领域关键IOAs的信息，提出有针对性的政策建议或商业方案，促进金融市场的包容性发展与可持续转型。双碳地图涉及的18个IOAs的详细信息已在UNDP全球数据库上线（https://sdginvestorplatform.undp.org/market-intelligence），欢迎查阅。

目录

背　景

目标与方法论

主要研究发现

背 景

中国“双碳”投资地图

一、联合国可持续发展目标与中国国家战略高度契合

可持续发展理念，伴随着人类工业革命之后生产力的快速进步导致的环境危机和社会挑战而诞生。1987年联合国世界环境与发展委员会（WCED）公开出版了《我们共同的未来》报告（也称《布伦特兰报告》），提出了“可持续发展”定义，即“既能满足当代的需要，而同时又不损及后代满足其需要的发展模式”①。2015年9月25日，联合国193个成员国在联合国大会第七十届会议上就《2030年可持续发展议程》达成共识，确定了包括“无贫穷”“性别平等”“气候行动”等在内的17个可持续发展目标（SDGs）（详见图1）及169个SDG子目标②，旨在从2015年到2030年指导全球共同行动，以彻底、综合的方式解决经济、社会、环境三个维度的发展问题，在保护地球的同时，不让任何一个人掉队。

① WCED, 1987, Report of the World Commission on Environment and Development: Our Common Future, https://sustainabledevelopment.un.org/content/documents/5987our-common-future.pdf.

② UN, 2015, Transforming our world: the 2030 Agenda for Sustainable Development, https://sdgs.un.org/2030agenda.

图1　联合国可持续发展目标（SDGs）

（资料来源：联合国）

中国高度重视《2030年可持续发展议程》的实施与可持续发展目标的实现。2016年9月，中国发布《中国落实2030年可持续发展议程国别方案》，详细阐述了中国未来一段时间落实17项可持续发展目标和169个子目标的具体方案。此后又制订了《中国落实2030年可持续发展议程创新示范区建设方案》，并批准太原、深圳、桂林等6个城市开展SDGs创新示范区建设，旨在打造一批可复制、可推广的可持续发展现实样板。2017年、2019年和2021年，中国先后发布了《中国落实2030年可持续发展议程进展报告》阶段报告，系统梳理了中国全面落实《2030年可持续发展议程》的举措、进展、面临的挑战。2016年以来，中国陆续出台了各个领域、不同层次的中长期发展规划和远景目标，涵盖了科技创新、农业、健康、减贫等专业领域（见表1）。这些发展规划和远景目标与《2030年可持续发展议程》的核心内容高度契合，如《国民经济和社会发展“十三五”规划》《国民经济和社会发展“十四五”规划和2035年远景目标纲要》中提出坚持“创新、协调、绿色、开放、共享”的发展理念，并着重强调了要“推动高质量发展”，加快了国内可持续发展目标的实施进程。

表1　联合国可持续发展目标与中国相关发展规划的对应关系

SDGs	中国与之对应的具体应对策略（部分）
SDG 1—无贫穷	《关于巩固拓展社会保险扶贫成果助力全面实施乡村振兴战略的通知》《"十四五"推进农业农村现代化规划》《乡村振兴战略规划（2018—2022年）》等
SDG 2—零饥饿	《全国农业可持续发展规划(2015—2030年)》《全国高标准农田建设规划（2021—2030年）》《农业生产力布局和结构调整规划（2021—2030年）》《国家粮食安全产业带建设总体方案》等
SDG 3—良好健康与福祉	《"健康中国2030"规划纲要》《健康中国行动（2019—2030年）》《"十四五"国民健康规划》《"十四五"环境健康工作规划》等
SDG 4—优质教育	《中国教育现代化2035》《"十四五"时期教育强国推进工程实施方案》《"十四五"特殊教育发展提升行动计划》等
SDG 5—性别平等	《中国妇女发展纲要（2021—2030年）》《中国儿童发展纲要（2021—2030年）》等
SDG 6—清洁饮水和卫生设施	《"十四五"水安全保障规划》《"十四五"城镇污水处理及资源化利用发展规划》《农村人居环境整治提升五年行动方案（2021—2025年）》等
SDG 7—经济适用的清洁能源	《"十四五"可再生能源发展规划》《"十四五"现代能源体系规划》《氢能产业发展中长期规划（2021—2035年）》《新能源汽车产业发展规划（2021—2035年）》等
SDG 8—体面工作和经济增长	《国民经济和社会发展第十四个五年规划和2035年远景目标纲要》《"十四五"就业促进规划》等
SDG 9—产业、创新和基础设施	《中国制造2025》《国家创新驱动发展战略纲要》《国家公路网规划（2013—2030年）》《国家民用空间基础设施中长期发展规划（2015—2025年）》《"十四五"现代综合交通运输体系发展规划》《"十四五"冷链物流发展规划》《"十四五"现代流通体系建设规划》等
SDG 10—减少不平等	《中共中央国务院关于全面推进乡村振兴加快农业农村现代化的意见》《"十四五"残疾人保障和发展规划》《"十四五"特殊类型地区振兴发展规划》等
SDG 11—可持续城市和社区	《"十四五"全国城市基础设施建设规划》《"十四五"城乡社区服务体系建设规划》《"十四五"新型城镇化实施方案》《2022年新型城镇化和城乡融合发展重点任务》等

续表

SDGs	中国与之对应的具体应对策略（部分）
SDG 12—负责任消费和生产	《“十四五”循环经济发展规划》《数字化助力消费品工业“三品”行动方案（2022—2025年）》《“十四五”全国清洁生产推行方案》等
SDG 13—气候行动	《2030年前碳达峰行动方案》《中共中央国务院关于完整准确全面贯彻新发展理念做好碳达峰碳中和工作的意见》《国家适应气候变化战略2035》《“十四五”节能减排综合工作方案》等
SDG 14—水下生物	《“十四五”海洋经济发展规划》《“十四五”海洋生态环境保护规划》《重点海域综合治理攻坚战行动方案》等
SDG 15—陆地生物	《中国生物多样性保护战略与行动计划（2011—2030年）》《生态保护和修复支撑体系重大工程建设规划（2021—2035年）》《全国重要生态系统保护和修复重大工程总体规划（2021—2035年）》等
SDG 16—和平、正义与强大机构	《关于推进城市安全发展的意见》《关于加快推进司法行政改革的意见》等
SDG 17—促进目标实现的伙伴关系	《“十四五”对外贸易高质量发展规划》《“十四五”农业农村国际合作规划》《二十国集团数字经济发展与合作倡议》等

资料来源：根据中国政府网站等公开资料整理。

二、中国“双碳”目标的实现是全球《2030年可持续发展议程》的关键

“双碳”目标的提出，有助于加快推动建立绿色低碳循环发展经济体系、促进经济社会发展全面绿色转型，为中国落实《2030年可持续发展议程》注入新动力。“双碳”目标直接影响SDG 7“经济适用的清洁能源——确保人人获得可负担、可靠和可持续的现代能源”和SDG 13“气候行动——采取紧急行动应对气候变化及其影响”的顺

利实现。同时，中国“双碳”目标的实现还间接影响SDG 8“体面工作和经济增长——促进持久、包容、可持续的经济增长，实现充分和生产性就业，确保人人有体面工作”，SDG 9“产业、创新和基础设施——建设有风险抵御能力的基础设施、促进包容的可持续工业，并推动创新”，以及其他SDGs的顺利实现。

“双碳”目标提出之后，中国陆续发布重点领域和行业碳达峰实施方案以及一系列支撑保障措施，构建起碳达峰碳中和“1+N”政策体系。“1+N”政策体系树立了中国实现碳达峰碳中和目标的主体框架。2021年10月24日，《中共中央国务院关于完整准确全面贯彻新发展理念做好碳达峰碳中和工作的意见》（以下简称《意见》）发布，作为碳达峰碳中和“1+N”政策体系中的“1”，发挥统领作用。2021年10月26日，国务院印发《2030年前碳达峰行动方案》（以下简称《方案》），《方案》在目标、原则、方向等方面与《意见》保持有机衔接的同时，更加聚焦2030年前碳达峰目标，提出了一些细化、实化、具体化的指标与任务，与《意见》共同构成贯穿碳达峰碳中和两个阶段的顶层设计。在顶层政策引领下，由各部门和各地区制订的实施方案和保障方案共同构建起碳达峰碳中和工作的“N”。“N”主要包括能源、工业、交通运输、城乡建设等分领域分行业碳达峰实施方案，以及对外开放、科技支撑、能源保障、财政金融价格政策、标准计量体系、督察考核等保障方案。在表2中，我们梳理了中国碳达峰碳中和“1+N”政策体系包含的部分政策文件。

表2 中国碳达峰碳中和“1+N”政策体系部分政策文件

一、“1+N”顶层设计文件	
1.	“1”：2021年10月24日，《中共中央国务院关于完整准确全面贯彻新发展理念做好碳达峰碳中和工作的意见》
2.	“N”：2021年10月26日，国务院印发《2030年前碳达峰行动方案》
二、碳达峰十大行动有关文件（部分）	
（一）能源绿色低碳转型行动	
1.	2022年2月10日，国家发展改革委、国家能源局印发《关于完善能源绿色低碳转型体制机制和政策措施的意见》
2.	2022年3月22日，国家发展改革委、国家能源局联合印发《“十四五”现代能源体系规划》
3.	2022年3月23日，国家发展改革委、国家能源局联合印发《氢能产业发展中长期规划（2021—2035年）》
4.	2022年5月10日，国家发展改革委等部门发布《煤炭清洁高效利用重点领域标杆水平和基准水平（2022年版）》
5.	2022年5月14日，国家发展改革委、国家能源局发布《关于促进新时代新能源高质量发展的实施方案》
6.	2022年6月1日，国家发展改革委等九部门联合印发《“十四五”可再生能源发展规划》
（二）节能降碳增效行动	
1.	2022年1月24日，国务院印发《“十四五”节能减排综合工作方案》
2.	2022年2月11日，国家发展改革委等四部门发布《高耗能行业重点领域节能降碳改造升级实施指南（2022年版）》
3.	2022年6月2日，银保监会印发《银行业保险业绿色金融指引》
4.	2022年6月17日，生态环境部等七部门联合印发《减污降碳协同增效实施方案》
（三）工业领域碳达峰行动	
1.	2021年12月3日，工业和信息化部印发《“十四五”工业绿色发展规划》
2.	2022年1月30日，工业和信息化部等九部门联合印发《“十四五”医药工业发展规划》
3.	2022年2月7日，工业和信息化部、国家发展改革委、生态环境部发布《关于促进钢铁工业高质量发展的指导意见》

续表

4.	2022年4月7日，工业和信息化部等六部门联合印发《关于“十四五”推动石化化工行业高质量发展的指导意见》
5.	2022年4月21日，工业和信息化部、国家发展和改革委员会印发《关于化纤工业高质量发展的指导意见》
6.	2022年4月21日，工业和信息化部、国家发展和改革委员会印发《关于产业用纺织品行业高质量发展的指导意见》
7.	2022年6月17日，工业和信息化部等五部门印发《关于推动轻工业高质量发展的指导意见》
8.	2022年6月21日，工业和信息化部等六部门联合印发《工业水效提升行动计划》
9.	2022年6月29日，工业和信息化部等六部门联合印发《工业能效提升行动计划》
10.	2022年8月1日，工业和信息化部、国家发展改革委、生态环境部联合印发《工业领域碳达峰实施方案》
（四）城乡建设碳达峰行动	
1.	2021年10月21日，中共中央办公厅、国务院办公厅印发《关于推动城乡建设绿色发展的意见》
2.	2022年1月25日，住房和城乡建设部印发《“十四五”建筑业发展规划》
3.	2022年2月11日，国务院印发《“十四五”推进农业农村现代化规划》
4.	2022年3月11日，住房和城乡建设部印发《“十四五”住房和城乡建设科技发展规划》
5.	2022年3月11日，住房和城乡建设部印发《“十四五”建筑节能与绿色建筑发展规划》
6.	2022年6月30日，农业农村部、国家发展改革委印发《农业农村减排固碳实施方案》
7.	2022年7月13日，住房和城乡建设部、国家发展改革委印发《城乡建设领域碳达峰实施方案》
（五）交通运输绿色低碳行动	
1.	2022年1月18日，国务院印发《“十四五”现代综合交通运输体系发展规划》
2.	2022年1月21日，交通运输部印发《绿色交通“十四五”发展规划》
3.	2022年6月24日，交通运输部、国家铁路局、中国民用航空局、国家邮政局出台贯彻落实《中共中央国务院关于完整准确全面贯彻新发展理念做好碳达峰碳中和工作的意见》的实施意见

续表

（六）循环经济助力降碳行动	
1.	2021年7月1日，国家发展改革委印发《“十四五”循环经济发展规划》
2.	2022年2月10日，工业和信息化部等八部门联合印发《加快推动工业资源综合利用实施方案》
（七）绿色低碳科技创新行动	
1.	2022年4月2日，国家能源局、科技部联合印发《“十四五”能源领域科技创新规划》
2.	2022年8月18日，科技部等九部门联合印发《科技支撑碳达峰碳中和实施方案（2022—2030年）》
3.	2022年8月24日，工业和信息化部、财政部、商务部、国务院国有资产监督管理委员会、国家市场监督管理总局发布《加快电力装备绿色低碳创新发展行动计划》
（八）碳汇能力巩固提升行动	
1.	2021年12月31日，国家市场监督管理总局、中国国家标准化管理委员会发布《林业碳汇项目审定和核证指南》（GB/T 41198—2021）
2.	2022年2月21日，自然资源部发布《海洋碳汇经济价值核算方法》
（九）绿色低碳全民行动	
	2022年5月7日，教育部印发《加强碳达峰碳中和高等教育人才培养体系建设工作方案》
三、有关政策支持文件（部分）	
1.	2021年11月27日，国资委印发《关于推进中央企业高质量发展做好碳达峰碳中和工作的指导意见》
2.	2022年3月15日，生态环境部印发《关于做好2022年企业温室气体排放报告管理相关重点工作的通知》
3.	2022年5月30日，财政部印发《财政支持做好碳达峰碳中和工作的意见》
4.	2022年5月31日，国家税务总局印发《支持绿色发展税费优惠政策指引》
5.	2022年6月2日，中国银保监会印发《银行业保险业绿色金融指引》

注：由于中国的碳达峰碳中和战略仍在持续推进，其他支撑的政策文件仍在不断出台。关于政策梳理中的不尽完善之处，以中国政府官方发布为主。

资料来源：根据中国政府网站等公开资料整理。

在中国碳达峰碳中和目标和系列政策指引下，很多省市也相应出台了支持政策，有序助力中国成功实现“双碳”目标。例如：浙江省

《关于完整准确全面贯彻新发展理念做好碳达峰碳中和工作的实施意见》、上海市《上海市碳达峰实施方案》、福建省《关于完整准确全面贯彻新发展理念做好碳达峰碳中和工作的实施意见》等。由于篇幅所限，本书暂不做详尽列举。

三、金融在“双碳”领域的重要角色

中国是世界最大的经济体之一。2016年以来，中国年均国内生产总值增长率高于世界平均水平，对全球经济增长的贡献率保持在30%左右，人均国内生产总值超过1万美元①。然而，经济的飞速发展也带来了相应的环境问题，中国是全球最大的温室气体排放国之一。国际能源署数据显示，1960年至2019年，中国累计二氧化碳排放量占全球的16%；2021年中国排放二氧化碳119亿吨，占全球总排放量的33%，人均碳排放量8.44吨。

中国是否能实现“双碳”目标对全球是否能成功转型到低碳可持续的发展模式、落实《2030年可持续发展议程》至关重要。实现“双碳”目标是一场广泛而深刻的系统变革，不仅需要为低碳绿色技术的发展壮大提供支持，也需要为转型过程中的相关群体提供支持和保障，将资金引向公平和包容的发展，以实现“不让任何一个人掉队”的愿景。

---

① 中国外交部. 中国落实2030年可持续发展议程进展报告（2021），http://foreignjournalists.fmprc.gov.cn/web/ziliao_674904/zt_674979/dnzt_674981/qtzt/2030kcxfzyc_686343/zw/202109/P020211019126076276210.pdf.

据多个机构初步测算（见表3），中国实现“双碳”目标所需投资在100万亿~170万亿元人民币之间，这意味着未来中国每年将在“双碳”领域平均投资2.6万亿~4.2万亿元人民币（按2022年GDP折算，约为当前GDP水平的2%~3.5%），公共财政仅能承担其中一小部分资金来源，大部分资金缺口需由社会资金填补。因此，需要联合政府、开发机构、商业金融机构、企业与社会组织的力量，引导社会资本积极投入可持续发展领域，助力实现可持续发展目标。

表3　部分机构对于中国实现“碳达峰、碳中和”目标潜在成本的估算

机构	目标	具体阐述	资金规模（元）
国家发展和改革委员会	2030碳达峰	实现碳达峰需要资金	每年3.1万亿~3.6万亿
中金研究院	2030碳达峰	绿色投资总需求	2020—2030年每年2.2万亿
	2060碳中和	绿色投资总需求	2020—2060年每年3.9万亿
高盛	2060碳中和	绿色投资总需求	每年2.6万亿
清华大学气候变化与可持续发展研究院	21世纪末升温2℃	绿色投资总需求	2020—2050年每年4.23万亿

资料来源：红杉中国，《迈向零碳——基于科技创新的绿色变革》。

另一方面，“双碳”目标也为金融领域带来新的发展机遇。据世界经济论坛的一项研究表明，具有积极自然保护效应的项目能够解锁10万亿美元的投融资机遇，并带动3.95亿人次的就业机遇①。国际可再生能源署（IRENA）预估，仅2020年新增的可再生能源项目就为新兴经济体节省了高达1560亿美元，自2010年以来新兴国家新增534GW的

① World Economic Forum, 2020, New Nature Economy Report II: The Future of Nature and Business [EB/OL]. https://www.weforum.org/reports/new-nature-economy-report-ii-the-future-of-nature-and-business.

可再生能源产能，每年可减少约320亿美元的电力成本①。2021年，全球可再生能源部门的就业人数达到1270万，仅12个月就新增70万个工作岗位②。自2016年中国开始建立绿色金融体系以来，除2020年受新冠疫情影响外，中国绿色债券发行量始终呈现上行趋势，贴标绿色债券市场在2021年实现了最大年度增量。2021年，中国在境内外市场的贴标绿色债券发行总额同比增长140%至1095亿美元（约合7063亿元人民币）③。

除了金融领域，绿色产业同样迎来战略机遇。比如，在能源供应方面，有研究表明，未来中国以风电光伏为主的可再生能源领域预计将带来每年约130亿美元投资机遇④。在能源消费方面，可再生能源电力、可再生能源建筑供能、清洁能源交通工具迎来投资机遇。在工业领域，为加快消费模式向低碳、零碳能源转变，政策支持企业通过电力市场购买绿电等方式提高可再生能源电力消费占比，可再生能源电力项目的需求将进一步提高；在建筑领域，在企业和用户供热设施智能化转型背景下，利用太阳能、地热能、生物质能等可再生能源为建

① IRENA, 2021, Majority of New Renewables Undercut Cheapest Fossil Fuel on Cost [EB/OL]. https://www.irena.org/newsroom/pressreleases/2021/Jun/Majority-of-New-Renewables-Undercut-Cheapest-Fossil-Fuel-on-Cost.

② IRENA, 2022, Renewable Energy and Jobs-Annual Review 2022 [EB/OL]. https://www.irena.org/publications/2022/Sep/Renewable-Energy-and-Jobs-Annual-Review-2022.

③ 气候债券倡议组织，中央国债登记结算有限责任公司. 中国绿色债券市场报告（2021）[J/OL]，2022. https://www.climatebonds.net/files/reports/cbi_china_sotm_2021_chi_0.pdf.

④ 索比光伏网. 中国2030风电光伏目标还有巨大提升空间 [J/OL]，2021. https://news.solarbe.com/202102/05/334646.html.

筑供能的条件进一步成熟，光伏建筑一体化应用等可再生能源建筑供能项目也迎来新机遇；在交通领域，能源清洁替代政策背景下，大容量电气化公共交通和电动、氢能、先进生物液体燃料等清洁能源交通工具的市场规模将扩大，与之配套的充换电、加氢、加气站点布局及服务设施也有较为广阔的投资市场。

目标与方法论

中国“双碳”投资地图

一、为市场提供智力支持，弥合数据与信息缺口

数据缺乏、信息不对称是可持续金融主流化进程中一项重要难题。由于目前市场缺少足够的数据和普遍被接受的相关标准、框架，投资端的金融机构、投资人、政府普遍面临一项挑战，即如何甄别既具备商业可投性又能有效支持可持续发展目标的融资项目，同时科学核算相关成本和风险。融资端的企业和可持续项目持有者也存在影响力披露意识与能力薄弱的问题，需要相关信息披露框架的指引，以吸引更多负责任的投资者。

在此背景下，联合国开发计划署（UNDP）开发了SDG投资者地图这项公共知识产品，旨在弥合产业界与投资界之间的信息缺口，帮助投资者识别既能够产生SDG方面的积极影响，也能够带来财务回报的投资机会，帮助项目持有者匹配风险承受能力相当的负责任投资人。SDG投资者地图将可持续发展目标需要和具体国家的政策优先事项转化为具体的投资机会领域，涵盖包括中国在内的近30个国家的众多行业。

2020年，UNDP启动了中国版SDG投资者地图的开发。2021年1月，UNDP驻华代表处发布了《可持续发展目标投资者地图（中国）简报》，确定了四个国家战略重点优先发展领域作为切入点：可持续农业和农村发展、医疗保健、循环经济、可再生能源，与可持续发展会计准则委员会（SASB）制定的可持续行业分类系统（SICS）中的4个可持续发展行业相对应，即食品与饮料、医疗保健、基础设施、可再生与替代能源，同时也确定了需要重点关注的产业和子产业

（见图2）[①]。随后，按照关注的不同重点领域，中国版SDG投资者地图的开发工作分两个阶段先后进行：第一阶段的地图开发工作于2021年12月完成，分析了可持续农业和农村发展、医疗保健领域的关键投资机遇（IOAs）；第二阶段的中国版SDG投资者地图，即本文所述的中国“双碳”投资地图，则重点关注循环经济和可再生能源领域中的投资机遇。

1. 循环经济领域

发展需求：供水供电供气是经济运行和社会发展的重要保障，直接关系到人民群众生活质量以及实体经济运行成本效率。目前中国的城市和农村在基础设施质量方面还存在显著差异。农村电网设备差且成本高，自来水普及率虽已经达到83%，但水质及其他方面仍需提高[②]。为了助力中国实现碳达峰碳中和，基础设施建设也应该加速低碳化转型并大力发展循环经济。中国循环经济发展仍面临重点行业资源产出效率不高，再生资源回收利用规范化水平低，回收设施缺乏用地保障，低值可回收物回收利用难，大宗固废产生强度高、利用不充分、利用产品附加值低等突出问题[③]。

---

① 研究团队在研究初期识别了五个重点领域，除此处提到的四个领域外还包含科技创新。然而由于技术创新的应用场景较为广泛，识别出的IOA与其他四个领域有不同程度的交叉，因此选择将其嵌入到其他领域，不做单独分析，所以与第一期提到的优先发展领域稍有差异。

② 国家发展改革委，财政部，住房和城乡建设部，市场监管总局，国家能源局，2020，关于清理规范城镇供水供电供气供暖行业收费促进行业高质量发展的意见，http://www.gov.cn/zhengce/content/2021-01/06/content_5577440.htm.

③ 国家发展改革委，2021，《“十四五”循环经济发展规划》，http://www.gov.cn/zhengce/zhengceku/2021-07/07/5623077/files/34f0a690e98643119774252f4f671720.pdf.

政策优先事项："十四五"规划中特别强调了建设智能绿色、安全可靠的现代化基础设施体系的重要性，其中包括构建现代供电、供气等能源体系以及供水等水利基础设施。除此之外，规划还特别强调应该加快发展方式绿色转型，其中特别提到了要构建资源循环利用体系以及基础设施绿色升级[①]。为了支持"双碳"战略，2021年10月，国务院印发了《2030年前碳达峰行动方案》，作为碳达峰十大行动之一，循环经济被单独提出。其中重点包括以下四个方面：推进产业园区循环化发展，加强大宗固废综合利用，健全资源循环利用体系，大力推进生活垃圾减量化及资源化[②]。2021年的一号文件指出，要加强乡村公共基础设施建设，实施乡村清洁能源建设工程；加大农村电网建设力度，全面巩固提升农村电力保障水平；推进燃气下乡，支持建设安全可靠的乡村储气罐站和微管网供气系统[③]。

2. 可再生能源领域

发展需求：中国多煤、缺油、少气的能源资源禀赋特点决定了目前的能源结构仍以化石能源为主。但化石能源存量有限，其使用也会产生大量二氧化碳，进而加速全球的气候变化、使极端天气事件发生频率增加。因此，大力发展可再生能源对于国家的能源绿色转型及

① 新华社，2021，中华人民共和国国民经济和社会发展第十四个五年规划和2035年远景目标纲要，http://www.gov.cn/xinwen/2021-03/13/content_5592681.htm.

② 国务院，2021，国务院关于印发2030年前碳达峰行动方案的通知，http://www.gov.cn/zhengce/content/2021-10/26/content_5644984.htm.

③ 中央政府网，2019，农村基础设施建设亟须提档升级，http://www.gov.cn/zhengce/2019-10/14/content_5439186.htm.

能源安全都至关重要。

政策优先事项：“十四五”规划中提出，在2025年将非化石能源占能源消费总量比重提高到20%。国务院印发的《2030年前碳达峰行动方案》也指出要全面推进风电、太阳能发电大规模开发和高质量发展，因地制宜发展生物质发电、生物质能清洁供暖和生物天然气。到2030年，风电、太阳能发电总装机容量达到12亿千瓦以上。

	中国优先发展领域			
	可持续农业和农村发展	医疗保健	循环经济	可再生能源
子产业	农产品	生物技术与制药	供水服务	电力设备与发电机
	肉类、家禽和乳品	医疗设备供应	垃圾管理	生物燃料
	加工食品	医疗保健服务提供	通用天然气及分销	太阳能技术和项目开发
	非酒精类饮料	医疗保健分销	工程与建造服务	风能技术与开发
	酒精类饮料	护工管理	家庭建造	燃料电池和工业电池
	烟草	药品销售	房地产	林业管理
	食品零售与分销		房地产服务	纸浆和纸制品
	餐饮			

图2　中国版SDG投资者地图筛选出的中国发展优先领域和重点产业
（资料来源：UNDP,《可持续发展目标投资者地图（中国）简报》）

二、标准化八步骤方法论

为确保SDG投资者地图在全球通用，标准化是地图编制的关键。因此，全球每份地图的创建过程均遵循严格的八步骤方法（见图3），使投资者能够获得相关投资机遇的全球可比数据。通过标准化的八步骤方法，识别出不同产业的关键IOAs，并为每个关键IOA建立了一个包含20个数据点的数据集，涵盖了商业模式、政策和市场环境、可持续发展需求、SDG标签、影响力指标等维度。编制过程结合了深入的案头研究和充分的利益相关方磋商，并通过了反复校验。期望能够识别和验证发展需求与政策优先事项之间的交叠之处，并在此范围下进一步挖掘能够助力本土可持续目标实现的具体投资机遇。SDG投资者地图的开发遵循以下流程：

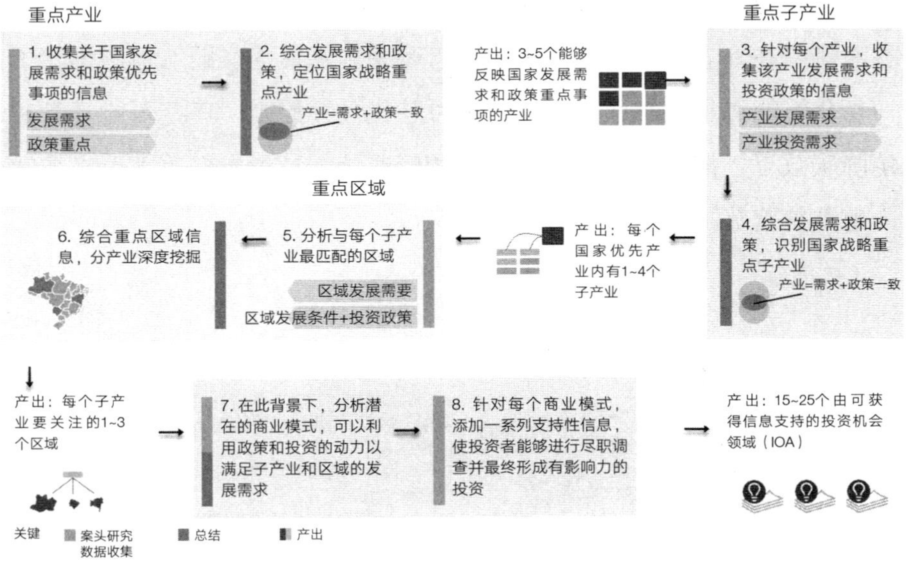

图3　创建SDG投资者地图所采取的标准化的八步骤方法

（资料来源：UNDP）

1. 步骤一到步骤四：确定国家优先发展和重点关注的产业与子产业

地图开发前四个步骤的目的是结合国家发展需求、政策优先事项，找出具有可持续发展潜力且有明显政策倾斜的产业。为筛选出与中国的发展需求和SDGs紧密结合的国家重点领域，研发团队仔细研究了近百份政策文件，如《“十四五”发展规划和2035年远景目标纲要》、国务院《关于加快建立健全绿色低碳循环发展经济体系的指导意见》《中国落实2030年可持续发展议程国别自愿陈述报告》等，以及国际组织发表的发展评估报告，如UNDP的《人类发展报告》等。

根据项目组指定的纳入标准①，筛选出了符合中国发展需求且具有可持续发展影响力的产业与子产业，之后根据SASB制定的SICS将它们进行分类。根据“排除标准”（见图4），又将一些产业和子产业暂时排除在外。如根据“无重大损害”和国际最佳实践，地图排除了一切化石能源相关产业。根据“无可替代性”原则，一些可能具备一定降碳效果，但存在更好替代方案的行业（如垃圾发电等）也未被纳入地图覆盖范围。

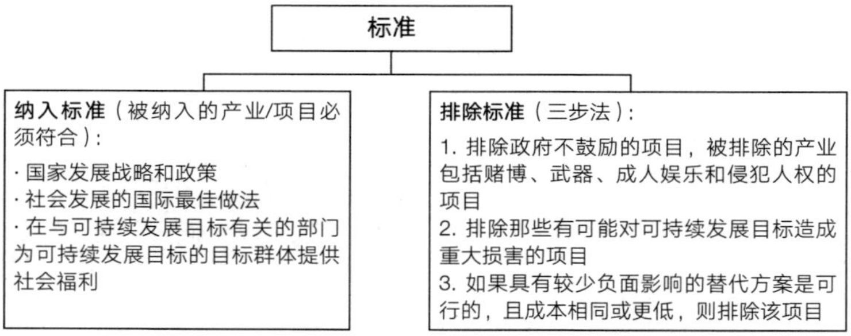

图4　产业与子产业筛选标准

（资料来源：UNDP）

根据以上筛选标准，在循环经济和低碳经济可再生能源领域识别出来7个重点子产业领域，分别为供水服务、垃圾管理、电力设备与发电机、生物燃料、太阳能技术和项目开发、风能技术与项目开发、燃料电池和工业电池。

① 产业与子产业“纳入”标准与“排除”标准来源于《可持续发展投融资项目支持目录》（中国）。

2. 步骤五到步骤六：确定政策重点关注的区域

基于前四个步骤中确定的重点产业和子产业，步骤五到步骤六则重点对地区间进行比较，以分析对每个子行业来说，哪个地区既有很高的发展需求和潜力，又有强有力的政策或金融倾斜支持以刺激行业的增长。我们收集并挖掘了来自约570份完整的、相关的省级政府机构发布的政策文件中的数据，以及另外1 500份相关文件中的数据（取自约11.6万篇中文版新闻），构建包含政策指数和发展需求指数的坐标图（见图5），通过自然语言处理方法（NLP）识别文本中提及的相关内容，以比较不同地区间政策/制度对不同子产业的支持程度。

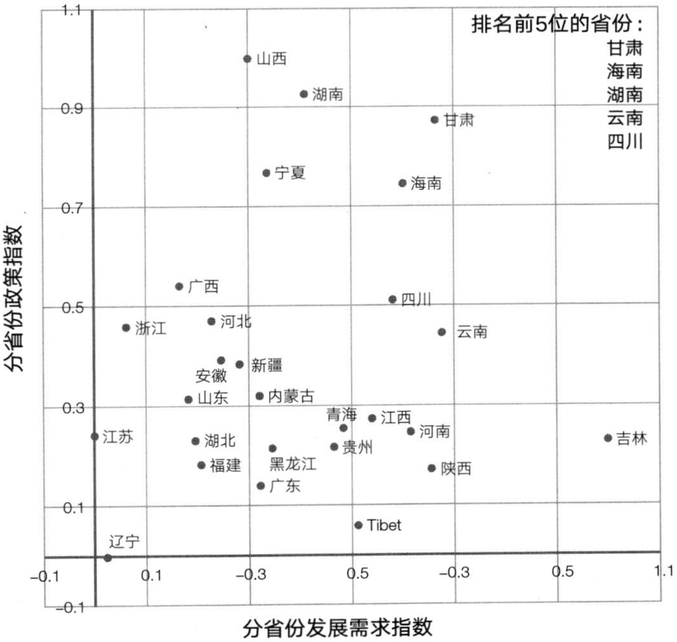

图5　政策与发展需求指数矩阵图：以供水服务行业为例
（资料来源：Impact Intelligence）

3. 步骤七到步骤八：确定投资机会领域（IOA）并收集支持数据

重点关注有推动发展潜力、刺激投资需求和有明显政策倾斜的子产业，突出在重点子产业和重点区域内有影响力的商业模式。根据可持续影响力、市场潜力和政策支持三个维度，地图对所有初步确定的IOA进行了评估。在可持续性影响这一指标上，重点考量：该IOA对SDG可做出的贡献；增加对该IOA的投资是否可以更好地服务弱势群体和受服务不足的群体（如农村人口、残障人士、老人和儿童）；该IOA是否会对任何其他SDG造成明显负面影响。在市场潜力方面，考虑了IOA的市场规模、回报概况和增长潜力等因素。关于政策支持这一维度，考虑了政府为促进IOA的发展所做的相关推进措施。基于此，筛选出每个子行业下当前最具市场潜力，与优先发展目标之间有着紧密联系，同时又有较为紧迫发展需求的关键IOA，以作进一步细致的分析和研究。我们还将风险因素纳入投资者和项目拥有者的考量范围，以通过特定IOA领域项目的全生命周期管理持续改善影响力管理。借助人工智能与大数据技术支持对相关政策文件与市场信息进行深入分析，并对各界专家开展广泛采访，以对科研结果进行反复论证，最终筛选出循环经济和可再生能源两大领域的十八个关键IOAs，并为每个关键IOA建立了一个包含20个数据点的数据集，涵盖了投资产业、地区、商业模式、政策和市场环境、可持续发展需求、SDG标签、影响力指标等维度（见图6）。

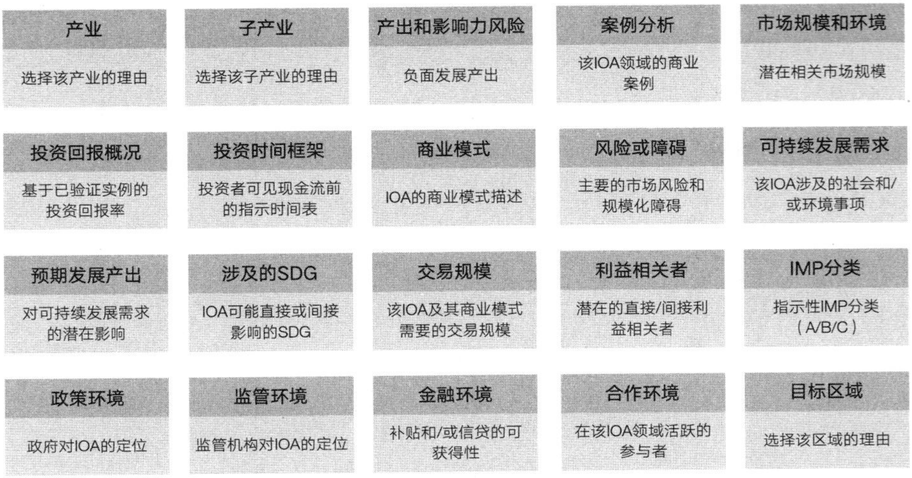

图6　IOA的20个关键数据类别

（资料来源：UNDP）

主要研究发现

中国“双碳”投资地图着重强调了循环经济和可再生能源这两个子产业中18个最具潜力的IOAs（见表4）。为方便读者快速了解这18个IOA涵盖的主要经济活动，本章将对每个IOA从产业角度做概览式简述。关于具体IOA的影响力模式、商业模式、风险因素等详情，请见UNDP在线数据库（https://sdginvestorplatform.undp.org/market-intelligence）。

表4　中国“双碳”投资地图确定的关键IOAs

“双碳”有关领域	SASB行业分类	子产业	IOAs	市场规模	投资收益	投资回报周期（年）	投资规模（百万美元）
循环经济	基础设施建设	供水服务	污水处理	>10亿美元；4年CAGR 5%~10%	GPM>25%	>10	>10
			自来水生产供应	>10亿美元；5年CAGR 10%~15%	GPM 20%~25%	>10	>10
			智慧水务	>10亿美元；6年CAGR 20%~25%	GPM>25%	<5	1~10
		垃圾管理	工业危废无害化与资源化处理	>10亿美元	GPM 20%~25%	5~10	>10
			新能源环卫设备供应	1亿~10亿美元	GPM>25%	<5	>10
可再生能源		电力设备与发电机	智能电表与用电信息采集系统建设	>10亿美元；3年CAGR 20%~30%	GPM>25%	5~10	>10
			特高压建设	4年CAGR 5%~10%	GPM 15%~20%	<5	>10
			电动汽车充电基础设施	6年CAGR>25%	GPM 20%~25%	5~10	>10

续表

“双碳”有关领域	SASB行业分类	子产业	IOAs	市场规模	投资收益	投资回报周期（年）	投资规模（百万美元）
可再生能源	可再生与替代能源	生物燃料	废油脂制生物质柴油	1亿~10亿美元	GPM 10%~15%	<5	0.5~1
		太阳能技术与项目开发	N型光伏电池	5年CAGR>25%	IRR 15%~20%	<5	>10
			分布式光伏电站	5年CAGR>25%	GPM>25%；IRR 5%~10%	5~10	>10
			光伏建筑一体化（BIPV）	1亿~10亿美元；5年CAGR>25%	IRR 10%~15%	5~10	>10
		风能技术与项目开发	海上风电	4年CAGR>25%	GPM>25%	<5	>10
			大型风机制造	>10亿美元	GPM 20%~25%	5~10	>10
			风机轴承制造	>10亿美元；4年CAGR 5%~10%	GPM>25%	5~10	>10
			叶片碳纤维材料	5年CAGR 20%~25%	GPM>25%	5~10	>10
		燃料电池和工业电池	废旧电池回收和利用	>10亿美元；9年CAGR>25%	GPM 10%~15%	5~10	>10
			换电站建设和运营	>10亿美元；4年CAGR>25%	IRR 10%~15%	5~10	>10

注：①CAGR（Compound Annual Growth Rate）表示复合年均增长率；②GPM（Gross Profit Margin）表示毛利率；③IRR（Internal Rate of Return）表示内部回报率；④相关IOAs的市场数据根据历史数据或公开资料进行测算，测算过程参照下文内容；⑤中国“双碳”投资地图中的“双碳”有关领域（表格第一列）主要依据中国的优先事项进行分类，而可持续发展目标投资者地图数据库的行业分类依据为可持续发展会计准则委员会（SASB）标准，两种分类不完全对应。

数据来源：根据公开资料整理。

一、供水服务行业

自然资源利用的可持续性与气候变化的减缓和适应相辅相成、相互影响。供水服务行业需要开发绿色低碳和可持续新型工艺，挖掘碳减排潜力，达到减污与降碳协同增效的目的，为实现中国“双碳”目标助力。一是在污水处理领域，需要选用高效率、低能耗的设备和技术；二是在自来水生产和供应领域，需要融入水资源节约与循环使用的指导理念；三是在智慧水务领域，需要实现数字技术与水务设备的有机结合，从而提高水管理效率。

发展需求：20世纪中叶以来，受气候变化影响，中国东部主要河流径流量呈现不同程度的减少。冰川退缩加剧了青藏高原江河源区径流量变化的不稳定性，气象灾害频发降低了水资源的可利用性，导致中国北方水资源供需矛盾加剧，南方则出现区域性甚至流域性缺水现象。受全球气候持续变暖的影响，未来中国水资源空间分布不均、区域水资源短缺等问题或将进一步加剧①。城市供水行业作为国民经济中最重要的基础设施行业之一，不仅有利于完善城市化进程整体规划体系，也对协调生活、生产、生态三者之间动态关系以及推进经济社会可持续发展具有重要意义。

政策优先事项：2021年11月，国家发展改革委、水利部、住房和城乡建设部、工业和信息化部、农业农村部联合印发《“十四五”节水型社会建设规划》，指出“十四五”期间开展节

① 中国气象局，2020，气候变化与水资源安全，http://www.cma.gov.cn/2011xzt/2020zt/20200323/2020032307/202003/t20200318_549083.html.

水型社会建设。要建立健全反映水资源稀缺程度和供水成本，促进节约用水、产业结构调整和生态补偿的水价形成机制；探索节水、供水、排水和水处理等一体化运行管理机制，鼓励第三方节水服务企业参与节水咨询、技术改造、水平衡测试和用水绩效评价等[①]。

性别不平等及边缘化：当前农村和城市在供水、污水排放和处理等方面的能力及质量方面仍然存在较大差距。

投资机会：该子产业下的IOA主要集中在水资源供应和处理，以及水务系统智能化。

关键瓶颈：目前水务行业仍面临着商业模式单一、地域限制性强、规模化不足等挑战。

1. 污水处理

伴随城镇化和经济发展，中国污水产生量逐渐增长。为了适应不断扩大的污水处理量，中国各市、县加快建设污水处理厂，增加固定投资，提高污水处理能力。中国污水处理行业主要采取特许经营模式，由政府根据协议约定向公司支付污水处理服务费。但应认识到，目前中国城镇污水收集处理设施仍存在很大发展空间，主要体现在城镇污水管网、城镇污水处理设施、再生利用设施、污泥处置设施四个方面；农村污水处理大部分仍依赖自然蒸发等较为原始的方式，市场处于萌芽阶段，具有很强的发展潜力。2020年，城镇和农村的污水处理规模分别为1 312.8亿元和218.4亿元。到2026年，预计二者将分别

① 国务院，2021，“十四五”节水型社会建设规划，http://www.gov.cn/zhengce/zhengceku/2021-11/09/5649875/files/146d1a6fcb7c42f3a4aad9dca6104719.pdf.

达到1 677亿元和524亿元[①]。

A）潜在机遇

（1）商业模式

污水处理服务的商业模式主要是由企业向政府申请获得污水处理许可证，并从污水处理费中获得收入。污水处理行业公司主要通过BOT（建设、运营、移交）、TOT（移交、运营、移交）等方式与政府方签订特许经营协议，协议中约定处理水量、综合回报率、付费方式、付费周期、调价机制等内容，特许经营期一般在25~30年，由政府根据协议约定向公司支付污水处理服务费，定价模式稳定，保障项目盈利性。

（2）案例分析

以北京首创生态环保集团股份有限公司（以下简称首创环保）为例，首创环保主要业务涵盖污水处理、水环境综合治理等，2020年净利润为16.02亿元，较上年增长46.76%；营收为192.25亿元，较上年增长28.96%。

B）商业案例

（3）市场规模和环境

污水处理行业的收益由2015年的约人民币3 419亿元增加至2019年的约人民币4 985亿元，对应的四年复合年均增长率为9.9%。2020年中国污水处理行业市场规模将近5 000亿元[②]。

---

① 前瞻产业研究院，2021，2021年中国污水处理行业市场现状及发展前景分析，https://www.qianzhan.com/analyst/detail/220/210916-ae2ff2bd.html.

② 全国能源信息平台，2020，2020年中国污水处理行业市场现状及发展趋势分析，https://baijiahao.baidu.com/s?id=1681510465354422954&wfr=spider&for=pc.

（4）投资回报概况

2020年，根据部分上市公司毛利率数据测算，污水处理业务平均毛利率约为41.3%[①]。

（5）投资时间

根据部分上市公司数据测算，投资一座日处理能力5万吨污水的污水处理厂回收期通常超过10年[②]。

（6）交易规模

据部分上市公司数据测算，投资一座日处理能力5万吨污水的污水处理厂需要近亿元的投资。

（7）市场风险和规模化障碍

由于污水处理行业由政府特许经营，地方企业凭借20~30年的特许经营权形成区域市场的进入壁垒，市场呈“碎片化”分布，中国的污水处理行业还处于发展的初级阶段，行业市场集中度较低[③]。同时，污水处理属于市政服务，为城镇基础服务的组成部分，因此该行业兼具公益性、区域垄断性等特点。由于地方经济发展水平参差不齐，各地方政府市政相关服务的市场化程度各异，污水处理行业整体市场化程度不高。

---

① 洪城环境，2021，2020年年报，http://static.cninfo.com.cn/finalpage/2021-04-22/1209757050.PDF. 重庆水务，2021，2020年年报，http://static.cninfo.com.cn/finalpage/2021-04-02/1209615790.PDF. 北控水务，2021，公司债券2020年度报告，http://www.sse.com.cn/disclosure/bond/announcement/company/c/2021-04-28/28421163334002596776924 64.pdf.

② 北极星环保网，2014，2015年中国污水处理行业特点及发展趋势分析，https://huanbao.bjx.com.cn/news/20141203/569898.shtml.

③ 慧聪水工业网，2019，2019年中国污水处理行业市场格局，https://baijiahao.baidu.com/s?id=1647607267099068234&wfr=spider&for=pc.

C）影响案例

（8）可持续发展需求

2011—2019年中国污水排放量逐年增长，2019年中国城市污水排放量为555亿吨，县城污水排放量为102亿吨，村镇污水排放量为216亿吨，合计873亿吨。规模巨大的排放量需配套相应规模的污水处理规模，以解决污水处理不及时引发的再次污染。另外，农村地区污水处理能力明显低于城镇地区，区域不平衡问题突出。截至2020年，全国城市污水处理厂2 618座，处理能力为19 267万立方米/日，城市污水处理率为97.53%；全国县城污水处理厂1 708座，污水处理率为95.05%；全国乡污水处理率仅为21.67%。

（9）预期发展产出

污水处理能够减少对水环境的污染，改善水环境质量，有益于人类的健康发展。农村地区污水处理能力显著提高，区域发展不平衡的问题得到缓解。

（10）涉及的SDGs

直接影响的SDG为“SDG 6. 清洁饮水和卫生设施—6.3.1 安全处理家庭和工业废水的比例”。

（11）利益相关者

对个人的直接影响——污水治理使居民健康状况得到保障，改善卫生状况；对个人的间接影响——污水处理创造就业机会，并减少居民因水质和水污染问题导致的健康问题和就医支出。

对地球的直接影响——水污染得到改善，提升生态环境质量。

（12）产出和影响力风险

污水处理厂可能会对周边的环境产生一定影响，尤其是在气味方面。此外，污水超标排放和污泥的不当处理处置，有可能增加二次污染风险。

（13）IMP分类[①]

A-避免伤害的行为

污水处理能够减少水质污染，使居民生活福祉增加、健康状况得到改善，生活环境得到极大改善，城市可持续性提高。同时乡村等地区也能因为污水处理获得更好的生态和社会发展。

什么（What）：结果很可能是积极的、重要的、长期的和大规模的，因为投资可以推进污水处理的发展进程，减少水质污染、提升水资源利用效率。

谁（Who）：生活在原本污水处理设施落后、不完备的乡村、县城地区居民，以及缺水地区的居民用水情况将得到极大改善。

风险（Risk）：污水超标排放和污泥的处理处置导致二次污染风险。

D）政策支持环境

（14）政策环境

2021年，“十四五”规划中强调要构建污水、垃圾、固废等处理

① IMP（Impact Management Project）成立于2016年，旨在就如何衡量、改善和披露正面和负面影响（也称为“影响力管理”）建立全球共识。由此产生的共识（或“规范”）提供了一个共同的逻辑，帮助企业和投资者了解他们对人类和地球的影响，从而减少负面影响并增加正面影响。根据已确定的影响维度，IOA及其商业模型的总体和指示性影响类别分为A/B/C三类，A-避免伤害的行为：采取行动避免或减少伤害，包括对实现可持续发展目标的伤害：减少（或减轻）商业模式造成的负面后果；B-有利于可持续发展目标相关的利益相关者：保持或改善商业模式带来的积极成果；C-为解决方案作出贡献：为利益相关者创造商业模式带来的新积极成果，否则利益相关者将得不到充分的服务，最常见的原因是市场或政策失败。

处置和监测监管能力于一体的环境基础设施体系，形成由城市向建制镇和乡村延伸覆盖的环境基础设施网络；推进城镇污水管网全覆盖，城市污泥无害化处置率达到90%，地级及以上缺水城市污水资源化利用率超过25%。2021年，《“十四五”城镇污水处理发展规划》中指出，到2025年，全国城市生活污水集中收集率力争达到70%以上，县城污水处理率达到95%以上，水污染敏感地区污水处理基本达到一级A排放标准。2021年，《关于推进污水资源化利用的指导意见》中强调到2025年，全国污水收集效能明显提高，县城及城市污水处理能力满足当地经济社会发展需要，水环境敏感地区污水处理基本实现提标升级。①

（15）监管环境

2017年，《中华人民共和国水污染防治法》指出，直接或者间接向水体排放工业废水和医疗污水以及其他按照规定应当取得排污许可证方可排放的废水、污水的企业事业单位和其他生产经营者，应当取得排污许可证；城镇污水集中处理设施的运营单位，也应当取得排污许可证。排污许可证应当明确排放水污染物的种类、浓度、总量和排放去向等要求。排污许可的具体办法由国务院规定②。2013年，《城镇排水与污水处理条例》提出，城镇污水处理设施维护运营单位应当保证出水水质符合国家和地方规定的排放标准，不得排放不达标污水；城镇污水处理设施维护运营单位应当按照国家有关规定检测进出水水质，向城镇排水主管部门、环境保护主管部门报送污水处理水质和水

① 国家发展改革委，2021，《关于推进污水资源化利用的指导意见》，https://www.ndrc.gov.cn/xwdt/tzgg/202101/t20210111_1264795_ext.html.

② 全国人大，2017，中华人民共和国水污染防治法，http://www.npc.gov.cn/npc/sjxflfg/201906/863e41b43f744efda56b14762e28dc6f.shtml.

量、主要污染物削减量等信息，并按照有关规定和维护运营合同，向城镇排水主管部门报送生产运营成本等信息①。

（16）金融环境

金融激励——2021年5月，国家发展改革委印发《污染治理和节能减碳中央预算内投资专项管理办法》，重点支持各地污水处理、污水资源化利用等环境基础设施项目建设。单个项目支持金额原则上不超过5 000万元，重大创新示范项目除外②。

财政激励——《环境保护、节能节水项目企业所得税优惠目录（2021年版）》包含了城市及乡村污水处理项目。企业从事符合该目录包含的环境保护项目的所得，自项目取得第一笔生产经营收入所属纳税年度起，第一年至第三年免征企业所得税，第四年至第六年减半征收企业所得税③。

其他激励——2019年7月，财政部印发的《城市管网及污水处理补助资金管理办法》明确，补助资金用于支持海绵城市建设试点、地下综合管廊建设试点、城市黑臭水体治理示范、中西部地区城镇污水处理提质增效等四类项目，资金整体实施期限不超过5年，根据不同支持事项采取不同方式进行分配④。

---

① 国务院，2013，城镇排水与污水处理条例，http://www.gov.cn/flfg/2013-10/16/content_2508291.htm.

② 国家发展改革委，2021，关于印发《污染治理和节能减碳中央预算内投资专项管理办法》的通知，http://www.gov.cn/zhengce/zhengceku/2021-05/19/content_5608645.htm.

③ 财政部，2021，关于公布《环境保护、节能节水项目企业所得税优惠目录（2021年版）》以及《资源综合利用企业所得税优惠目录（2021年版）》的公告，http://www.gov.cn/zhengce/zhengceku/2021-12/29/content_5665116.htm.

④ 财政部，2019，关于印发《城市管网及污水处理补助资金管理办法》的通知，http://www.gov.cn/xinwen/2019-07/03/content_5405556.htm.

（17）合作环境

私营部门：北京飞利信科技股份有限公司（“飞利信”）、积成电子股份有限公司（“积成电子”）、新天科技股份有限公司（“新天科技”）等公司。

（18）目标区域

甘肃、海南、湖南、云南、四川。

2. 自来水生产和供应

自来水生产和供应行业是支持经济和社会发展、保障居民生产生活的基础性产业，具有公用事业和环境保护的双重性，主要由国家资本控制和运营。近年来，中国自来水生产和供应行业市场化比例逐渐增加，国家也出台了一系列政策鼓励行业投资及运营体制改革，推动行业市场化运行。随着城市用水价格上调政策的施行，未来中国自来水生产和供应产业的发展空间巨大，尤其是乡建成区、村庄地区以及广大中西部农村地区。此外，中国正逐步建立统一用水权交易市场，促进自来水生产和供应环节中的水资源节约与循环。2020年，我国水务行业规模以上企业营业收入达到3 381.8亿元，利润总额390.4亿元，2015—2020年年均复合增长率在17.43%左右[①]。

A）潜在机遇

（1）商业模式

公司从收取当地居民和企业的生产生活用水水费中获得收入。自来水生产供应按“准许成本加合理收益”核定城镇供水价格，准许

① 前瞻经济学人，2021，2021年中国水务行业市场现状与发展前景分析，https://baijiahao.baidu.com/s?id=1707069600809580447&wfr=spider&for=pc.

收益率与权益资本收益率、债务资本收益率直接挂钩，3年调价周期增强回报确定性；此外，国务院要求建立用水权并逐步开展市场化交易①。

（2）案例研究

重庆水务集团股份有限公司（“重庆水务”）于2007年被重庆市政府授予重庆市主城区城市范围供水特许经营权，期限30年。公司供水业务主要包括本集团下属水厂以长江、嘉陵江为主要水源，按照自来水常规（或深度）处理工艺对原水进行处理，将符合国家质量标准的自来水通过输配水管网输送到终端用户的全过程。公司2020年营收63.5亿元，较上年增长12.61%；净利润17.77亿元，较上年增长6.65%②。

B）商业案例

（3）市场规模和环境

中国自来水生产和供应行业规模（按规模以上企业营收计算）由2015年约1 387亿元增加至2020年约2 467亿元，复合年均增长率为12.2%。③

（4）投资回报概况

2020年，根据部分上市公司毛利率数据测算，城市供水业务平均

① 国家发展改革委，2021，国家发展改革委　住房和城乡建设部修订印发城镇供水价格管理办法和定价成本监审办法，https://www.ndrc.gov.cn/fzggw/jgsj/zys/sjdt/202108/t20210813_1293659.html?code=&state=123.

② 重庆水务，2021，2020年年报，http://static.cninfo.com.cn/finalpage/2021-04-02/1209615790.PDF.

③ 前瞻产业研究院，2021，中国自来水生产和供应行业市场前瞻与投资分析报告，https://www.qianzhan.com/analyst/detail/220/210804-d6e76b4e.html.

毛利率约为29.8%[①]。

（5）投资时间

根据部分上市公司数据测算，水务项目通常投资回收期在10年以内[②]。

（6）交易规模

根据部分上市公司数据测算，不同建设规模投资额不同，通常供水基础设施建设项目总投资超过1 000万元[③]。

（7）市场风险和规模化障碍

目前市场监管严格。国家出台节约水资源管理制度，对社会生产活动中的用水量进行调控，自来水生产供应行业的产能受到限制。此外，城镇供水价格新规已于2021年10月起施行，水价将按“准许成本加合理收益”核定，进一步规范了城镇供水价格管理，保障供水、用水双方合法权益，促进城镇供水事业健康发展，节约和保护水资源。

C）影响案例

（8）可持续发展需求

供水的区域不平衡，特别是城乡差异大是发展中面临的一大问题。相较于城镇供水市场，城乡供水尚有较大的市场空间和发展潜力。近十年来，城市供水普及率持续平稳增长，截至2018年，我国

---

① 洪城环境，2021，2020年年报，http://static.cninfo.com.cn/finalpage/2021-04-22/1209757050.PDF. 兴蓉环境，2021，2020年年报，http://static.cninfo.com.cn/finalpage/2021-04-22/1209758596.PDF.

② 夏保友，2013，水务项目的风险与控制，https://xueshu.baidu.com/usercenter/paper/show?paperid=e0b1e51666cbf5c3318413f47c86d3e2&site=xueshu_se&hitarticle=1.

③ 中国城镇水体污染治理工程技术应用中心，2021，2021年9月第二周最新全国自来水厂项目汇总，http://www.watermc.org/page122?article_id=870.

城市供水普及率达到98.5%；同期全国农村自来水普及率为81%，且现有农村自来水还存在大量需要提标改造的项目。城乡供水一体化项目当前受制于农村饮用水的水量小而散、资产质量不高、管理体制复杂、水费回收难度大等固有属性，当前城乡供水一体化项目与传统市政供水项目相比投资吸引力不足，这就需要各方市场主体积极参与、探索模式创新、提升管理能力，才能保证投资收益①。

（9）预期发展产出

社会生产生活用水与人民生活质量以及生产发展水平直接相关。供水服务质量提升，能够使居民享有到更优质的水源，有益于人类的健康发展。农村地区供水服务质量提高，有利于缓解区域发展不平衡的问题。

（10）涉及的SDGs

直接影响的SDG为“SDG 6. 清洁饮水和卫生设施—6.1.1 使用得到安全管理的饮用水服务的人口比例”，间接影响的SDG为“SDG 3. 良好健康与福祉”。

（11）利益相关方

对企业的影响——更加市场化的运作模式为企业带来更多经济效益。

对地球的影响——水源更加清洁，地球可持续发展性提高。

（12）产出和影响力风险

供水过于市场化可能会导致居民用水价格波动大、偏高等问题。居民用水质量下降会影响居民身体健康，致使各种疾病的发病率升

① 航天科技，2021，城乡供水一体化当前发展现状及趋势，https://www.suntront.com/news/info41735.htm.

高。居民身体素质的降低将影响劳动效率，增大医疗开支，拉低居民普遍的生活水平。

（13）IMP分类

B－利益相关方福利改善

农村地区供水服务质量提高，区域不平衡问题得到缓解。投资可以推进供水服务的发展进程，让更多的人能够使用优质水源，同时能够改善缺水地区的水资源状况，提高利用率。

什么（What）：结果很可能是积极的、重要的、长期的和大规模的，因为投资可以推进供水服务的发展进程，让更多的人能够使用优质水源。

谁（Who）：生活在原本水资源供应情况落后的乡村、县城地区居民，以及缺水地区的居民用水情况将得到极大改善。

风险（Risk）：市场化导致用水价格波动。

D）政策支持环境

（14）政策环境

2021年，国家发展改革委等部门印发《"十四五"节水型社会建设规划》，提出到2025年，基本补齐节约用水基础设施短板和监管能力弱项，水资源利用效率和效益大幅提高，节水型社会建设取得显著成效①。2019年，国家发展改革委、水利部印发《国家节水行动方案》，提出加快村镇生活供水设施及配套管网建设与改造②。

① 国家发展改革委，2021，国家发展改革委等部门关于印发《"十四五"节水型社会建设规划》的通知，https://www.ndrc.gov.cn/xxgk/zcfb/ghwb/202111/t20211108_1303414_ext.html.

② 国家发展改革委，水利部，2019，《国家节水行动方案》，http://www.gov.cn/gongbao/content/2019/content_5419221.htm.

（15）监管环境

2020年，国务院发布第二次修订的《城市供水条例》，加强城市供水管理，发展城市供水事业，保障城市生活、生产用水和其他各项建设用水①。2021年8月，国家发展改革委和住建部联合发布了《城镇供水定价成本监审办法》和《城镇供水价格管理办法》，建立以“准许成本加合理收益”为基础、更加清晰的价格机制，提升城镇供水价格科学化、精细化和规范化水平②。

（16）金融环境

金融激励——2015年，国家发展改革委《关于鼓励和引导社会资本参与重大水利工程建设运营的实施意见》中提出，拓宽社会资本进入领域。除法律、法规、规章特殊规定的情形外，重大水利工程建设运营一律向社会资本开放；鼓励统筹城乡供水，实行水源工程、供水排水、污水处理、中水回用等一体化建设运营③。

财政激励——2016年，住房和城乡建设部等五部门发布的《关于进一步鼓励和引导民间资本进入城市供水、燃气、供热、污水和垃圾处理行业的意见》从价格、收费以及财税等方面完善了对民间资本进入城市供水等行业的支持政策④。

① 国务院，2020，城市供水条例，http://www.gov.cn/zhengce/2020-12/26/content_5575062.htm.

② 国家发展改革委，住建部，2021，《城镇供水价格管理办法》，https://www.ndrc.gov.cn/xxgk/zcfb/fzggwl/202108/t20210806_1293274.html?code=&state=123.

③ 国家发展改革委，财政部，水利部，2015，《关于鼓励和引导社会资本参与重大水利工程建设运营的实施意见》，http://www.gov.cn/zhengce/2016-05/22/content_5075668.htm.

④ 住房和城乡建设部等五部门，2016，《关于进一步鼓励和引导民间资本进入城市供水、燃气、供热、污水和垃圾处理行业的意见》，http://www.nea.gov.cn/2016-10/21/c_135771836.htm.

（17）合作环境

私营部门：重庆水务、海天水务集团股份公司、广西绿城水务股份有限公司，补贴形式为由政府发放的专项补助资金。

（18）目标区域

甘肃、海南、云南、四川。

3. 智慧水务

目前，中国水务管理中尚存在控制漏损等问题，发展智慧水务具有一定的必要性。同时，物联网、5G、云计算等技术的不断革新为智慧水务行业营造了有利的发展环境。智慧水务以业务与数据双驱动为核心，充分利用新一代信息与物联网技术，将传统水务设备升级为可产出海量数据的设备终端。通过结合传感器、通信网络、水务信息系统提升水务信息化水平，可以实现水务管理协同化、水资源利用高效化、水务服务便捷化。此外，智慧水务行业正积极探索与人工智能的结合发展，未来中国智慧水务前景可观。2020年，我国智慧水务相关中标项目数量达到43个。2012—2021年，我国经营范围包括智慧水务的存续在业智慧水务企业数量逐年增长，截至2021年7月，2021年已有6 687家智慧水务企业成立[①]。

A）潜在机遇

（1）商业模式

智慧水务通过物联网技术，全面提升水管理的效率和效能。在海量设备接入网络后，对海量数据进行及时分析处理并做出反应，最终

① 前瞻产业研究院，2021，2021年中国智慧水务行业全景图谱，https://www.qianzhan.com/analyst/detail/220/210723-37cff076.html.

实现对水务系统更全面的感知、更精细的管理，更及时的应对和更科学的决策。其主要领域为智慧水务设备、通信服务、系统功能搭建及运维、智慧水务设计规划咨询。

（2）案例研究

瀚蓝环境股份有限公司可以实现供水停水、调度及规划的智慧管理。

智慧停水管理：通过供水GIS，一人即可完成停水方案制作。通过企业OA开发的停水业务审批流程，一人即可发起停水业务审批。借助瀚蓝+的移动办公系统，各级管理人员和停水有关各方可实现流程的移动审批，时效性大为提高。通过供水热线系统以及该系统和微信公众号接口、内网、外网调用，一人、一次输入和发布，即可同时实现停水通知在微信公众号、企业内网、外网的发布。

智慧管网调度及规划：通过供水管网微观模型与供水GIS、营业收费系统和供水SCADA系统接口，提高了模型更新效率和准确性，在供水管网规划、供水调度方面发挥了越来越大的作用①。

B）商业案例

（3）市场规模和环境

2020年中国智慧水务行业市场规模约为124.8亿元，预计到2026年中国智慧水务行业的市场规模将达到370亿元，对应2020年至2026年的复合年均增长率为20%左右②。

---

① 中国水网，2017，20个智慧水务案例详解，http://wx.h2o-china.com/column/1275.html.

② 前瞻产业研究院，2022，2021年中国智慧水务行业市场规模及发展前景分析，https://bg.qianzhan.com/trends/detail/506/220113-3c324805.html.

（4）投资回报概况

2020年，根据部分上市公司毛利率数据测算，智慧水务业务毛利率约为35.9%[①]。

（5）投资时间

根据部分上市公司数据测算，智慧水务业务投资回收期在5年以内[②]。

（6）交易规模

2020年，在中国政府采购网，中国智慧水务项目中标金额前十的金额区间为0.22亿~6.35亿元[③]。

（7）市场风险和规模化障碍

水务数据在智慧水务应用项目中起关键作用，但是现阶段水务数据问题突出，不完善、不精致、不及时、兼容性差等问题日渐凸显，信息繁杂无章，表现为数据孤岛、信息杂乱；此外，水务行业也存在人才短缺、驱动薄弱的问题，智慧水务对人才要求较高，行业缺失复合型人才[④]。

C）影响案例

（8）可持续发展需求

随着工业化和城市化进程的不断加快，中国的水资源管理压力正

① 南方财富网，2022，智慧水务十强企业名单，http://www.southmoney.com/gupiao/sjjh/202211/33086182.html.

② 每日经济新闻，2015，新天科技拟定增7.8亿 发展智慧云服务平台，http://finance.ce.cn/rolling/201512/08/t20151208_7374247.shtml.

③ 前瞻产业研究院，2021，中国智慧水务行业市场深度报告，https://bg.qianzhan.com/trends/detail/506/211223-f3e43c30.html.

④ 中大咨询，2021，智慧水务未来发展趋势及建议思考，https://baijiahao.baidu.com/s?id=1696374297395173536&wfr=spider&for=pc.

在上升。低效的水资源管理和普遍的水污染问题使现状更加恶化，因而水务部门和企业需要建立一个支撑供排水管理的智慧水务平台。此外，农村地区智慧水务布局明显弱于城镇地区，区域不平衡问题突出。

（9）预期发展产出

智能水务将提高城市供水和污水处理系统的智能化水平，提高用水效率。农村地区智慧水务的布局拓展，能够缓解区域发展不平衡的问题。

（10）涉及的SDGs

直接影响的SDG为“SDG 6. 清洁饮水和卫生设施—6.4.1 按时间列出的用水效率变化”。

（11）利益相关方

对个人的直接影响——城市供水能力得到提升，居民用水质量得到保障；对个人的间接影响——智慧水务创造就业机会，并减少居民因水质和水污染问题导致的健康问题和就医支出。

对地球的直接影响——智慧水务能够在对水资源进行合理利用的同时实现水生态环境的有效保护，同时推进城市生态文明建设。

（12）产出和影响力风险

城市水务赖以运行的工业控制网络会直接与管理网、互联网连通，面临一定的安全风险。此外，水务系统与实际应用环境的兼容性较弱、问题解决能力较低，需要投入更多资源。

（13）IMP分类

B – 利益相关方福利改善

智慧水务系统提升供水质量和效率，乡村、缺水等地区居民的用水情况将得到极大改善。智慧水务系统通过对水资源的合理利用，实现水生态环境的有效保护，并推进城市生态文明建设。

什么（What）：结果很可能是积极的、重要的、长期的和大规模的，因为投资可以推进智慧水务的发展进程，让更多的人能够使用优质水源。

谁（Who）：生活在原本供水设施落后、不完备的乡村、县城地区居民，以及缺水地区的居民用水情况将得到极大改善。

风险（Risk）：智慧水务系统存在安全性和兼容性风险。

D）政策支持环境

（14）政策环境

《"十四五"规划和2035年远景目标纲要》提出要分级分类推进新型智慧城市建设，将物联网感知设施、通信系统等纳入公共基础设施统一规划建设，推进市政公用设施、建筑等物联网应用和智能化改造。同时还强调要构建智慧水利体系，以流域为单元提升水情测报和智能调度能力，推进农村水源保护和供水保障工程建设。智慧水务作为智慧城市的重要组成部分，将逐步融合于智慧城市发展体系，其在智慧城市建设中的重要性将逐步提升。2020年7月，国家发展改革委办公厅发布了《关于加快落实新型城镇化建设补短板强弱项工作 有序推进县城智慧化改造的通知》，提出新型城镇化建设的重点方向，其中包括推进县城公共基础设施数字化建设改造，加快交通、水电气热等市政领域数字终端、系统改造建设①。2019年，水利部印发《水利网信水平提升三年行动方案（2019—2021年）》，提出建成省级以上

① 国家发展改革委，2020，关于加快落实新型城镇化建设补短板强弱项工作有序推进县城智慧化改造的通知，http://www.gov.cn/zhengce/zhengceku/2020-07/29/content_5530869.htm.

水利网络安全防护体系，构建高速互联的水利信息网，初步建成天空地一体化的水利监测感知网，基本建成水利数据共享分析服务体系，基本建成高效协同的水利业务应用体系，提供较为丰富的水利公共服务产品[①]。

（15）监管环境

2017年6月1日，《中华人民共和国网络安全法》正式颁布实施，明确指出针对城市水务公共服务等关键信息基础设施，在网络安全等级保护制度的基础上，实行重点保护。网络安全是智慧水务健康、长久发展的重要保障[②]。2017年，水利部发布《水利部信息化建设与管理办法》，明确了水利信息化建设项目建设、安全管理和运维管理的各项要求[③]。

（16）金融环境

金融激励——2018年，水利部《加快推进新时代水利现代化的指导意见》中提出，深化水利投融资机制改革，落实好加大各级财政水利投入和金融支持相关政策，积极引导和规范社会资本参与水利建设运营；优化水利投资结构，强化资金使用监管；完善水利安全生产责任体系，强化水利安全生产监管，建立水利安全生产风险与隐患排查

① 水利部，2019，《水利网信水平提升三年行动方案（2019—2021年）》，http://cn.chinagate.cn/news/2019-06/19/content_74899910.htm.

② 全国人大，2016，中华人民共和国网络安全法，http://www.npc.gov.cn/npc/c30834/201611/270b43e8b35e4f7ea98502b6f0e26f8a.shtml.

③ 水利部，2017，《水利部信息化建设与管理办法》，http://xxzx.mwr.gov.cn/xxgk/zcfg/201711/t20171122_1014578.html.

治理双预防机制，大力推进水利安全生产标准化和信息化①。

财政激励——2021年，水利部《关于大力推进智慧水利建设的指导意见》中提出，各单位要积极争取资金投入，拓宽资金来源，统筹资金渠道，利用中央财政、地方财政以及重大水利工程管理单位自筹资金等推进智慧水利建设，重点保障拟立项项目经费和开发性维护经费，积极争取运维经费并纳入财政预算②。

（17）合作环境

私营部门：飞利信、积成电子、新天科技。

政府："十四五"期间，我国主要省、市也提出了智慧水务行业的发展方向。其中，北京市、福建省和重庆市均提出了要大力推动智慧水务建议。此外，海南省在"十四五"期间将出资280亿元建议海岛型绿色智慧水网。

（18）目标区域

甘肃、海南、湖南、云南、四川。

二、垃圾管理行业

垃圾的可持续管理能够最大限度地减少垃圾的产生、提高资源回收利用率、减少二氧化碳排放，对实现"双碳"目标相当重要。一是

① 水利部，2018，水利部印发《加快推进新时代水利现代化的指导意见》，http://www.gov.cn/xinwen/2018-02/19/content_5267619.htm.

② 前瞻产业研究院，2021，2021年中国及31省市智慧水务行业政策汇总及解读，https://www.qianzhan.com/analyst/detail/220/210707-5ed6c3cf.html.

在工业危废无害化与资源化处理领域，规模化、产业化、技术提升成为重要趋势；二是在新能源环卫设备供应领域，市场空间广阔。

发展需求：中国目前垃圾围城、围村问题严重，城镇生活垃圾分类和处理设施还存在处理能力不足、区域发展不平衡、存量填埋设施环境风险隐患大等问题，“双碳”目标背景也要求垃圾管理转向更低碳的方式[①]。

政策优先事项：2021年，国务院《关于加快建立健全绿色低碳循环发展经济体系的指导意见》中特别强调要加快城镇生活垃圾处理设施建设，推进生活垃圾焚烧发电，减少生活垃圾填埋处理；加强危险废物集中处置能力建设，做好餐厨垃圾资源化利用和无害化处理[②]。

性别不平等及边缘化：垃圾管理方面区域发展不平衡问题突出，中西部地区无害化处理能力依旧不足——中西部垃圾焚烧处理水平低于东部，东南沿海城市焚烧处理率超过60%，而中西部地区焚烧处理率不到50%；西部及东北部分地区生活垃圾无害化处理率低于30%。中西部的居民更容易面临垃圾处理不到位产生的环境风险。

投资机会：该子产业下的IOA重点集中在垃圾的资源以及无害化处理。

关键瓶颈：垃圾管理等方面的政策法规机制仍不健全。

---

① 国家发展改革委，住房和城乡建设部，2021，“十四五”城镇生活垃圾分类和处理设施发展规划，https://www.ndrc.gov.cn/xwdt/tzgg/202105/P020210513624071907544.pdf.

② 国务院，2021，关于加快建立健全绿色低碳循环发展经济体系的指导意见，http://www.gov.cn/zhengce/content/2021-02/22/content_5588274.htm.

1. 工业危废无害化与资源化处理

危废处理是中国环保产业的重要分支。伴随着中国工业化进程的不断推进，危废产生量不断增长，之前贮存的大量危废未能得到有效处理，且存在垃圾渗漏液处理不当及有害气体释放等问题，导致土壤和地下水污染事件频发。危废处理处置行业主要分为无害化处理（按政府指导价格收费）与资源化利用（资源化后基于产品或产品所含金属成分的市价出售）两种商业模式，以无害化、减量化和资源化为原则，这势必要求项目执行者具有综合的危废处理能力，努力实现全产业链运作来提高效益和控制成本。未来，中国将持续推动生态文明建设，实现国家“无废城市”建设目标，全面安全管控危险废物，不断提升危险废物处置率。综合中国危废产量及利用处置量，预计到2025年中国危废处理市场规模将达4 161亿元，2027年有望突破4 600亿元①。

A）潜在机遇

（1）商业模式

工业危险废物处理需由具有相应资质的企业通过许可证的方式获得经营权，通过政府投资、企业承包经营模式，BOT建设模式，政府、企业共同出资建设模式等运营模式，利用不同技术，达到工业危险废物处理的目的。获得利润的方式为赚取资源化产品的销售收入以及赚取危废处理费②。

① 前瞻产业研究院，2022，一文深度了解2022年我国危废处理行业市场现状、竞争格局及发展趋势，https://www.chinacace.org/news/view?id=13794.

② 生态环境部，2019，《关于提升危险废物环境监管能力、利用处置能力和环境风险防范能力的指导意见》，https://www.mee.gov.cn/xxgk2018/xxgk/xxgk03/201910/t20191021_738260.html.

（2）案例研究

东江环保股份有限公司（“东江环保”）是工业危废处理行业的典型企业，其主要业务为工业和市政废物的资源化利用与无害化处理。公司在2020年实现营业收入33.15亿元，实现净利润3.33亿元，公司毛利率为34.12%，净利率为10.06%[①]。

B）商业案例

（3）市场规模和环境

2020年，工业危废处理行业市场规模约为2 000亿元[②]。

（4）投资回报概况

2020年，根据部分上市公司毛利率数据测算，固废危废资源化利用业务的毛利率为20%至25%[③]。

（5）投资时间

一般企业获取一项危废处置资质用时一般在3年至5年，并会获得25年至30年的特许经营权，从项目审批到项目完工通常需要约2年至3年时间，之后在经营期内获得正的现金流入[④]。工业危废处理项目的投资规模一般较大、资金回收期较长。

---

① 东江环保，2021，2020年度报告，http://www.cninfo.com.cn/new/disclosure/detail?plate=szse&orgId=gshk0008230&stockCode=002672&announcementId=1209476240&announcementTime=2021-03-30.

② 前瞻产业研究院，2019，中国危废处理行业市场前瞻与投资战略规划分析报告，https://bg.qianzhan.com/report/detail/300/191009-541ee09d.html.

③ 高能环境，2021，2020年年报，http://static.cninfo.com.cn/finalpage/2021-04-09/1209661866.PDF.

④ 兴业证券，2020，危废行业深度报告：看似寻常最奇崛，成如容易却艰辛，https://www.sohu.com/a/392691583_99900352.

（6）交易规模

根据部分上市公司数据测算，一个5万吨的工业危废处理项目前期投入资金约4亿元。

（7）市场风险和规模化障碍

我国目前针对危险废物管理的技术标准和法规尚不健全；市场不确定性高，无法准确估计市场需求；没有形成完善的技术体系，人才也极为缺乏①。

C）影响案例

（8）可持续发展需求

随着我国工业化进程加速，危险废物的排放也日益增多。2020年我国危废产生量达5 148.1万吨，较上年增长14.43%。由于工业废物中存在的重金属以及放射性物质，其不当处置会对环境尤其是土壤和水资源安全产生严重的影响及威胁②。由于各地区工业发展水平不同等因素，我国各地区工业危废产能也分布不均，各省危废产能与危废处置能力存在供需不匹配问题③。

（9）预期发展产出

工业危废无害化处理和资源化利用的发展，能够降低废物危害性，减少对环境的污染及危害，能够提高资源利用率，有利于循环经济的发展。工业危废处理的发展以及合理布局能够帮助解决某些区域

① 王琪，2018，危废处置行业面临三大风险，https://huanbao.bjx.com.cn/news/20181211/947991.shtml.

② 华经情报网，2021，2020年中国危废行业现状分析，企业产能利用率低，https://baijiahao.baidu.com/s?id=1707779699948807224&wfr=spider&for=pc.

③ 蔡佳楠，2018，危废处置产能不足及区域供需错配待改善，https://xueshu.baidu.com/usercenter/paper/show?paperid=105c0jc00b2w0vd007490vp0w1387974&site=xueshu_se.

危废产能与危废处置能力供需不匹配的问题。

（10）涉及的SDGs

直接影响的SDG为“SDG 12. 确保采用可持续的消费和生产模式—12.4.2 (a)人均生成的危险废物”和“(b)处理的危险废物的比例”、“SDG 6.6.1 与水有关的生态系统范围随时间的变化”、“SDG 7.2.1 可再生能源在最终能源消费总量中的份额”。

（11）利益相关方

对个人的直接影响——工业危废处理减少了对环境尤其水资源的污染，保障人民生活的健康；对个人的间接影响——工业危废处理行业提供了更多环境、化学应用方面的就业机会。

对地球的直接影响——工业危废有效处理能够减少对土壤、水质、空气等环境危害；对地球的间接影响——工业危废的回收利用可以提高资源利用效率。

对企业的间接影响——工业危废处理后的资源回收利用可为下游工业企业提供原料。

对公共部门的直接影响——工业危废处理能够促进政府端推进整体的固废循环经济制度建设。

（12）产出和影响力风险

如果工业危废处理达不到环保要求水平，则可能为厂区附近的居民带来环境的负外部性；工业固废的统计体系仍不健全，缺少具体的危废种类和数量的数据，影响整体危废处置能力。

（13）IMP分类

A－采取行动以避免损害

工业危废处理的发展以及合理布局能够帮助解决某些区域危废产

能与危废处置能力供需不匹配的问题。工业危废无害化处理和资源化利用能够保障人民生活的健康，同时环保公司（工业危废处理商）通过提供服务获得经济收益，政府端能够相应地推进整体固废循环经济制度建设。

什么（What）：工业危废处无害化处理和资源化利用的发展有利于降低环境污染、提高资源利用率、推动循环经济。

谁（Who）：居民生活环境得到改善、生活福祉增加，城市可持续性提高。

风险（Risk）：危废处理厂建造或运营不达标有可能造成更大的环境污染，对周围居民的生活健康产生不利影响。

D）政策支持环境

（14）政策环境

2021年，国务院发布《关于印发强化危险废物监管和利用处置能力改革实施方案的通知》，提出到2022年底，危险废物监管体制机制进一步完善，建立安全监管与环境监管联动机制；到2025年底，建立健全源头严防、过程严管、后果严惩的危险废物监管体系。危险废物利用处置能力充分保障，技术和运营水平进一步提升①。2020年，生态环境部发布《关于推进危险废物环境管理信息化有关工作的通知》，有序推进危险废物产生、收集、贮存、转移、利用、处置等全过程监控和信息化溯源②。2019年，生态环境部发布《关于提升危险废

① 国务院办公厅，2021，《关于印发强化危险废物监管和利用处置能力改革实施方案的通知》，http://www.gov.cn/zhengce/content/2021-05/25/content_5611696.htm.

② 生态环境部，2020，《关于推进危险废物环境管理信息化有关工作的通知》，https://www.mee.gov.cn/xxgk2018/xxgk/xxgk06/202012/t20201231_815647.html.

物环境监管能力、利用处置能力和环境风险防范能力的指导意见》，优化危险废物跨省转移审批手续、明确审批时限、运行电子联单，为危险废物跨区域转移利用提供便利。

（15）监管环境

2021年，国家发展改革委等部门发布的《关于“十四五”大宗固体废弃物综合利用的指导意见》提出，加快完善大宗固废综合利用标准体系，推动上下游产业间标准衔接；加强大宗固废综合利用行业统计能力建设，明确统计口径、统计标准和统计方法，提高统计的及时性和准确性①。2020年1月，生态环境部《危险废物鉴别技术规范》（标准号：HJ 298–2019）开始实施，提出加强危险废物环境管理，保证危险废物鉴别的科学性②。2021年7月，生态环境部《一般工业固体废物贮存和填埋污染控制标准》开始实施，规定了一般工业固体废物贮存场、填埋场的选址、建设、运行、封场、土地复垦等过程的环境保护要求，以及替代贮存、填埋处置的一般工业固体废物充填及回填利用环境保护要求，以及监测要求和实施与监督等内容③。

（16）金融环境

金融激励——2021年，中国证监会、国家发展改革委联合发布《关于推进基础设施领域不动产投资信托基金（REITs）试点相关工

① 国家发展改革委，2021，《关于“十四五”大宗固体废弃物综合利用的指导意见》，http://www.gov.cn/zhengce/zhengceku/2021-03/25/content_5595566.htm.

② 生态环境部，2020，《危险废物鉴别技术规范》，https://www.mee.gov.cn/ywgz/fgbz/bz/bzwb/gthw/wxfwjbffbz/201911/t20191115_742662.shtml.

③ 生态环境部，2021，《一般工业固体废物贮存和填埋污染控制标准》，https://www.mee.gov.cn/ywgz/fgbz/bz/bzwb/gthw/gtfwwrkzbz/202012/t20201218_813927.shtml.

作的通知》，固废危废处理等污染治理项目是通知要求聚焦的重点行业，REITs将推动未来危废固废治理行业经营模式和运营能力提升，为工业危废处理企业拓宽融资渠道[①]。

财政激励——2021年，财政部等四部门公布《环境保护、节能节水项目企业所得税优惠目录（2021年版）》，符合相关条件的工业固体废物处理项目和危险废物处理项目的所得，自项目取得第一笔生产经营收入所属纳税年度起，第1年至第3年免征企业所得税，第4年至第6年减半征收企业所得税。

（17）合作环境

私营部门：格林美股份有限公司（“格林美”）、北京东方园林环境股份有限公司、北京高能时代环境技术股份有限公司（“高能环境”）、东江环保、雅居乐环保集团。

政府：广东省、山东省。广东省研究制定有利于固体废物减量化、资源化的经济政策，加大对固废资源化利用技术和项目的资金扶持力度，享受劳务增值税优惠政策。山东省积极推动危险废物处置设施建设领域的PPP模式，加大对危险废物处置设施建设的投入；积极争取财政支持，实行危险废物集中处置设施“以奖代补”，各级政府应对公益单位危险废物收集处置给予适当资金政策支持。

政府和社会资本合作：例如，东江环保参股设立项目公司投资泉州市工业废物综合处置中心PPP项目，总规模9.47万吨，特许经营30年。

① 中国证监会，2020，《中国证监会　国家发展改革委关于推进基础设施领域不动产投资信托基金（REITs）试点相关工作的通知》，http://www.gov.cn/zhengce/zhengceku/2020-05/03/content_5508587.htm.

（18）目标区域

海南、云南、湖南、河北、江西。

2. 新能源环卫设备供应

环卫装备主要指环卫作业车、垃圾运输车和路面养护车等。目前，环卫装备正在逐步向以非传统燃油为能源供给的方向转变。从环卫领域推广应用的情况看，纯电动环卫车之所以成为新能源环卫车中政府部门推广使用的主要对象，是因为环卫车具有作业行驶速度慢、行驶路线固定、行驶路程短、作业时间固定等工作特性。此外，纯电动商用车底盘具有技术相对简单、成熟、充电方便、零排放、噪声小等优点，可大幅降低大气污染物排放，减少作业时的扰民问题。2020年中国新能源环卫车市场规模较小，约为65.1亿元，仅占传统环卫车规模的五分之一，但预计到2025年其市场规模将跃升至400亿元①。

A）潜在机遇

（1）商业模式

新能源环卫设备企业根据区域的环境卫生现状、阶段及客户需求，为客户提供相应的环卫设备。

（2）案例研究

傲蓝得环境科技有限公司专注于环卫设备领域关键技术的自主研发，通过多年来的自主研发和系统的技术创新，逐步掌握了新能源、智能化、网联化、高效作业等技术，实现了纯电动平台开发，形成了

① 观研天下，2022，我国新能源环卫车行业驱动因素分析，http://www.360doc.com/content/22/0610/16/13672581_1035470835.shtml.

2~18吨系列化新能源环卫产品，提出了行业首个底盘/上装集成一体化模式[①]。

B）商业案例

（3）市场规模和环境

2020年，新能源环卫车市场规模扩至65.1亿元。

（4）投资回报概况

2020年，根据部分上市公司毛利率数据测算，新能源环卫装备毛利率通常超过25%[②]。

（5）投资时间

参考新能源汽车投资项目的投资回报期，新能源环卫装备的投资回报期为5年左右[③]。

（6）交易规模

参考新能源汽车投资项目的投资总额，新能源环卫装备的投资额在2.5亿元人民币左右。

（7）市场风险和规模化障碍

目前市场竞争激烈。行业龙头不明显，整体呈现“小、散、乱”的格局。环保装备企业年报显示其大部分营收额不超过1亿元，排名

① 搜狐新闻，2020，宇通新能源环卫整体解决方案发布，https://www.sohu.com/na/432130132_120072758.

② 盈峰环境，2021，2020年年报，http://static.cninfo.com.cn/finalpage/2021-04-23/1209772822.PDF. 福龙马，2021，2020年年报，http://static.cninfo.com.cn/finalpage/2021-04-08/1209648048.PDF. 宇通重工，2021，2020年年报，http://static.cninfo.com.cn/finalpage/2021-04-02/1209625602.PDF.

③ 泓域Macro，2018，新能源汽车投资项目可行性研究报告，https://www.docin.com/p-2110057986.html.

前十的企业在整个环保市场的占有份额不超过5%[①]。核心技术是该行业发展的关键，目前，自主创新及技术研发还有待提高，研发条件差、经验欠缺、队伍不强、部分关键设备和核心零部件受制于人，是制约环保装备行业发展的关键因素。

C）影响案例

（8）可持续发展需求

“双碳”背景下，我国CO_2减排压力巨大。交通运输业碳排放量占比约10%，位列各行业第三，作为公共领域用车的环卫车向新能源转型将为社会起到良好的示范作用[②]。由于各地区环卫服务发展水平不同等因素，我国各地区新能源环卫设备的使用率也各不相同，总体呈现出东部发达地区高于西部落后地区的局面。

（9）预期发展情况

新能源环卫设备的推广和发展，能够降低交通领域二氧化碳排放，为我国实现碳达峰碳中和作出贡献。随着新能源环卫设备的推广，我国经济不发达地区也能享受到新型装备提供的清洁环卫作业。

（10）涉及的SDGs

直接影响的SDG为“SDG 13. 气候行动—13.2.2 年温室气体总排放量”，间接影响的SDG为“SDG 11. 可持续城市和社区”。

（11）利益相关方

对个人的直接影响——尾气污染减少以及更清洁的环境能够改善

① 前瞻产业研究院，2021，2021—2022年环保设备行业发展分析与方向预测，https://baijiahao.baidu.com/s?id=1714013163784137871&wfr=spider&for=pc.

② 欧国立，宁静，2022，促进我国公路运输绿色低碳发展的政策与路径，http://sdg-china.net/NewsList/info.aspx?itemid=68103.

居民的生活环境；对个人的间接影响——新能源环卫装备的发展为人民提供了更多就业机会。

对地球的直接影响——环卫作业更加清洁，汽车尾气减少，能够进一步降低碳排放。

（12）产出和影响力风险

新能源环卫设备淘汰原有设备会产生大量废弃物，增加处理压力和环境污染风险；新能源环卫设备的动力电池报废之后如果回收处理不及时或不达标，电池中含有的重金属存留到土壤中，经过一系列传导途径后有可能会对人体造成伤害，其中的电解质具有腐蚀性，也会对环境产生负面影响。

（13）IMP分类

A－采取行动以避免损害

新能源环卫设备的推广使用可以减少交通领域的二氧化碳排放，减少环境污染，让包括经济不发达地区在内的各地享受到新型装备提供的优质清洁环卫服务。

什么（What）：新能源环卫设备的推广和发展，能够降低交通领域二氧化碳排放，为我国实现“双碳”目标作出贡献。

谁（Who）：尾气污染减少，居民生活环境得到改善，城市可持续性提高。

风险（Risk）：环卫企业面临转型风险。

D）政策支持环境

（14）政策环境

2020年，国家发展改革委《公共领域车辆电动化行动计划（2021—2023年）》提出，2021—2023年，全国公共领域新能源汽车累计推广量力争达到100万辆；到2023年底，城市公交电动化比例力争达到70%[①]。2020年，国务院办公厅发布《关于印发新能源汽车产业发展规划（2021—2035年）》，提出2021年起，国家生态文明试验区、大气污染防治重点区域的公共领域新增或更新公交、出租、物流配送等车辆中新能源汽车比例不低于80%[②]。2020年，《关于扩大战略性新兴产业投资培育壮大新增长点的指导意见》发布，提出加快智能及新能源汽车产业基础支撑能力建设，开展公共领域车辆全面电动化城市示范，提高城市公交、出租、环卫、城市物流配送等领域车辆电动化比例[③]。

（15）监管环境

2022年，工业和信息化部等五部门联合发布了《关于进一步加强新能源汽车企业安全体系建设的指导意见》，进一步加强新能源汽车安全管理，有助于行业的规范化发展[④]。2021年，国务院住房和城乡建设部发布《农村生活垃圾收运和处理技术标准》，规范农村生活垃圾分类、收集、运输和处理，推动农村人居环境改善[⑤]。

① 国家发展改革委，2021，《公共领域车辆电动化行动计划（2021—2023年）》，http://fzggw.ah.gov.cn/public/7011/145294651.html.

② 国家发展改革委办公厅，2020，《印发新能源汽车产业发展规划（2021—2035年）》，http://www.gov.cn/zhengce/content/2020-11/02/content_5556716.htm.

③ 国家发展改革委，2020，《关于扩大战略性新兴产业投资培育壮大新增长点的指导意见》，https://www.ndrc.gov.cn/xxgk/zcfb/tz/202009/t20200925_1239582.html?code=&state=123.

④ 工业和信息化部，2022，《关于进一步加强新能源汽车企业安全体系建设的指导意见》，http://www.gov.cn/zhengce/zhengceku/2022-04/09/content_5684250.htm.

⑤ 住建部，2021，关于发布国家标准《农村生活垃圾收运和处理技术标准》的公告，http://www.gov.cn/zhengce/zhengceku/2021-05/21/content_5640033.htm.

（16）金融环境

金融激励——2022年，国家发展改革委《关于印发促进工业经济平稳增长的若干政策的通知》提出，2022年继续引导金融系统向实体经济让利；加强对银行支持制造业发展的考核约束，2022年推动大型国有银行优化经济资本分配，向制造业企业倾斜，推动制造业中长期贷款继续保持较快增长①。

财政激励——2020年4月，工业和信息化部、科技部、发展改革委发布《关于完善新能源汽车推广应用财政补贴政策的通知》，要求加强集中处置设施建设，在2020年底前，每一个地级以上城市至少将2020年新能源汽车补贴标准下调10%，而对环卫领域符合要求的车辆，2020年补贴标准不退坡，2021—2022年补贴标准分别在上一年基础上退坡10%、20%②。

（17）合作环境

私营部门：宇通重工股份有限公司（“宇通重工”）、福建龙马环卫装备股份有限公司（“福龙马”）、盈峰环境科技集团股份有限公司（“盈峰环境”）。

（18）目标区域

海南、云南、湖南、河北、江西。

---

① 国家发展改革委，2022，《关于印发促进工业经济平稳增长的若干政策的通知》，https://www.ndrc.gov.cn/xwdt/tzgg/202202/t20220218_1315823.html?code=&state=123.

② 财政部、工业和信息化部、科技部、国家发展改革委，2020，关于完善新能源汽车推广应用财政补贴政策的通知，http://www.gov.cn/zhengce/zhengceku/2020-04/23/content_5505502.htm.

三、电力设备和发电机行业

中国持续增长的电力需求及能源结构低碳转型的紧迫性对于电力系统提出了新的挑战。要构建以新能源为主体的新型电力体系，则必须提升电源系统的稳定性、安全性和智能化水平。“十四五”规划指出，到2025年，要提高特高压输电通道利用率，加快电网基础设施智能化改造和智能微电网建设，提高电力系统互补互济和智能调节能力，加强源网荷储衔接，提升清洁能源消纳和存储能力，提升向边远地区输配电能力。基于“十四五”规划的政策指引，综合考虑支持低碳转型，在此行业范围内选择了智能电表与用电信息采集系统建设、特高压建设、电动汽车充电基础设施这三个关键投资领域。

发展需求：经济的发展使电力需求不断增加。2015—2020年全社会用电量逐年增长，2020年，全社会用电量7.52万亿千瓦时，同比增长3.2%。不断增长的电力需求以及能源的绿色转型对于电力系统提出了新的挑战。由于光伏、风电等新能源具有波动性，构建以新能源为主体的新型电力体系，必须提升电源系统的稳定性、安全性和智能化水平①。

政策优先事项：“十四五”规划指出构建现代能源体系将是我国下一阶段能源发展的首要任务，这对电力行业也提出了新的要求。“十四五”规划中指出要提高特高压输电通道利用率，加快电

① 中国电力企业联合会，2021，电力统计基本数据，https://www.cec.org.cn/upload/1/editor/1640595481946.pdf.

网基础设施智能化改造和智能微电网建设，提高电力系统互补互济和智能调节能力，加强源网荷储衔接，提升清洁能源消纳和存储能力，提升向边远地区输配电能力。

性别不平等及边缘化：通过农村电网建设改造工程，农村电力系统的供电能力、安全性和电能质量得到了提高，但与城市相比，还存在电网设备的智能化程度低等问题[①]。

投资机会：该子产业下的IOA主要集中在提高电力系统的智能化，提高电网接纳和优化配置多种能源的能力。

关键瓶颈：目前的电价机制需要适应以新能源为主体的新型电力体系，推动新能源消纳成本在发电侧、电网侧和用户侧的合理分摊。

1. 智能电表与用电信息采集系统建设

智能电表是智能电网和能源互联网高级量测体系的基础元件，承担电能数据采集、计量、传输和处理的功能，是智能电网和能源互联网实现用电负荷管理、分布式能源计量、电网运行调度、电力市场交易和电能质量监测的必要装备。用电信息采集系统是智能电网建设中的重要一环，在节能减排的工作中发挥重要作用。目前，国内市场主要为国家电网和南方电网集中招标采购，标准统一，市场化程度较高。据国网电子商务平台，2021年第一批采购中包含智能电能表3 682万只，2021年第二批采购中包含智能电能表2 044万只[②]。

① 中国期刊网，2021，我国农村电网发展现状及问题研究，http://www.chinaqking.com/yc/2021/3052106.html.

② 国网电子商务平台,2021，国家电网有限公司2021年第二十三批采购 https://ecp.sgcc.com.cn/ecp2.0/portal/#/doc/doci-bid/2021041958475007_2018032700291334.

A）潜在机遇

（1）商业模式

区别于传统电能表，智能电表在具备了最基本的用电量计量功能的基础上，同时还满足了双向计量、阶梯电价、分时电价、峰谷电价、防窃电、信息储存和处理等功能需求，对于电网实现信息化、自动化互动化具有重要支撑作用。商业模式主要包括销售智能电表设备和提供增值服务。

（2）案例研究

杭州炬华科技股份有限公司是一家专业从事能源物联网设备研发、生产、销售与服务的高新技术企业，以智能电表、智能水表、智能电气、能源云边路由器、物联网传感器等物联网远程终端为核心业务。2020年营业收入达10.97亿元，净利润3.02亿元，毛利率、净利率分别为39.80%、27.51%。

杭州海兴电力科技股份有限公司主营业务为智能用电业务、智能配电业务以及新能源业务，产品覆盖智能用电产品、智能配电产品、系统解决方案产品、运维与服务。2020年营业收入达28.06亿元，净利润达4.79亿元，毛利率、净利率分别为41.45%、17.08%。

B）商业案例

（3）市场规模和环境

2021年至2026年，智能电表与用电信息采集系统建设将带来总计超过2 000亿元的市场需求。2021年的未来2年至3年，智能用电市场预计将保持20%至30%的年均增速[①]。

① 前瞻产业研究院，2021，2022年中国智能电网行业全景图谱，https://www.qianzhan.com/analyst/detail/220/211110-9f5f794b.html.

（4）投资回报概况

2020年，根据部分上市公司收益率数据测算，智能电表及系统类产品的平均毛利率约为35.1%①。

（5）投资时间

根据部分上市公司投资规模数据测算，智能电表项目投资周期大约需要5年至10年。

（6）交易规模

根据部分上市公司投资规模数据测算，智能电表项目平均投资规模为4.8亿元左右②。

（7）市场风险和规模化障碍

目前市场竞争激烈，国内智能电表及智能用电终端市场处于充分竞争状态，设备提供商众多。智能电表主要销售渠道为招投标销售，国家电网智能电表及用电信息采集系统招标入围公司已超过百家。为降低投标人履约风险，国家电网招标实行中标总量限额控制，因而各企业中标情况相对分散，限制了行业集中度提高③。

---

① 林洋能源，2021，2020年年报，https://pdf.dfcfw.com/pdf/H2_AN202104221487066201_1.pdf. 海兴电力，2021，2020年年报，http://static.cninfo.com.cn/finalpage/2021-04-12/1209671987.PDF. 炬华科技，2021，2020年年报，http://static.cninfo.com.cn/finalpage/2021-04-07/1209643444.PDF.

② 炬华科技，2016，非公开发行股票预案（修订稿），http://static.cninfo.com.cn/finalpage/2016-11-09/1202820200.PDF. 科陆电子，2015，2015年度非公开发行股票预案（修订稿），http://static.cninfo.com.cn/finalpage/2015-10-29/1201736208.PDF. 国电南瑞，2009，非公开发行A股股票预案，https://pdf.dfcfw.com/pdf/H2_AN201202290004476360_1.pdf?1363378357000.pdf.

③ 前瞻产业研究院，2020，中国智能电表行业市场现状及竞争格局分析，https://www.qianzhan.com/analyst/detail/220/201201-b67c4bcd.html.

C）影响案例

（8）可持续发展需求

由于可再生能源波动性较强，提升清洁能源在中国能源体系中的占比需要更加灵活的清洁能源电力系统，这就对目前电力系统的市场信息和需求管理提出了更高要求。与城市地区相比，农村地区电网设备质量低、智能化水平较低，影响农户获得清洁能源。

（9）预期发展产出

智能电表能够帮助实现用电监控、推行阶梯定价、负荷管理、线损分析，最终达到自动抄表、错峰用电、负荷预测和节约用电成本等目的，有助于更好地进行需求侧管理，以提高能源效率和电力系统的灵活性，减少能源部门的碳排放；智能电表行业的发展，能够助力乡村基础设施数字化转型以及农村电网改造等大型建设项目；此外，智能电表等设施建设过程中能带动偏远地区配电网路的改善。

（10）涉及的SDGs

直接影响的SDG为“SDG 7. 经济适用的清洁能源—7.2.1 可再生能源占最终能源消费总量的比重”，间接影响的SDG为“SDG 13. 气候行动”、“SDG 9. 产业、创新和基础设施”。

（11）利益相关方

对个人的间接影响——智能电表无须人工抄表，避免了人力的大量消耗，但可能会产生相关人员的就业问题。

对地球的直接影响——智能电表更容易实现级联定价，有助于加强需求侧管理，减少能源消耗；对地球的间接影响——智能电表的使用使阶梯电价收费更加便利，有助于减少用能相关的二氧化碳排放。

对企业的直接影响——智能电表能够将用户电力方面的各种数据传输给供电公司，为供电公司的负荷预测提供相关依据，实现负荷预测准确度的提高。

（12）产出和影响力风险

智能电表以及线上缴费功能对不熟悉科技的老年人友好程度较低，因为此类人群可能需要额外帮助才能完成缴费；因智能电表结构问题，在受到外部环境干扰时，其功能可能无法正常运作；智能电表在使用过程中收集用户信息，可能产生信息泄露问题。

（13）IMP分类

B－利益相关方福利改善

在农村偏远地区进行配网基础设施改造，合理配置智能用电终端设备，可提升偏远农村地区居民的用电体验，节省居民的用电开支；智能电表的使用可以使居民更为便利地线上缴纳电费，免去时间、交通成本，并且帮助节约能源，实现用户与电网之间的双向通信，为电网的后续分析提供更为准确和细致的数据基础，为政府及供电企业的决策提供数据支持。

什么（What）：结果很可能是积极的、重要的、长期的和大规模的，智能电表的使用可以帮助节约能源，并且实现用户与电网之间的双向通信，为电网提供更为准确和细致的数据并加以分析，为政府决策提供支持。

谁（Who）：居民利用智能电表制订实际用电计划，实现节约能源的目的；此外，居民可以更为便利地线上缴纳电费，免去时间、交通成本。

风险（Risk）：因智能电表结构问题，在受到外部环境干扰时，其功能可能无法正常运作；同时，智能电表在使用过程中收集用户信息，可能产生信息泄露问题。

D）政策支持环境

（14）政策环境

“十四五”规划指出，加快电网基础设施智能化改造和智能微电网建设，提高电力系统互补互济和智能调节能力，加强源网荷储衔接，提升清洁能源消纳和存储能力，提升向边远地区输配电能力。2019年，中共中央办公厅—国务院办公厅印发《数字乡村发展战略纲要》，提出要将数字乡村作为数字中国建设的重要方面，其中的一个重要任务是加快乡村基础设施数字化转型，包括智能电网的建设①。2020年，国家能源局《关于建立健全清洁能源消纳长效机制的指导意见》指出，要持续完善电网主网架，补强电网建设短板，推进柔性直流、智能电网建设②。

（15）监管环境

《智能电能表（2020年版）通用技术规范》和《智能物联电能表通用技术规范》对新标准智能电能表提出了“产品的设计和元器件选用应保证整表使用寿命大于等于16年”的要求，并对产品自验收合格之日起的允许故障率指标进行了详细的规定③。《制造、修理计量器具

① 中共中央办公厅，国务院办公厅，2019，数字乡村发展战略纲要，http://www.gov.cn/zhengce/2019-05/16/content_5392269.htm.

② 国家能源局，2020，国家能源局综合司关于公开征求《关于建立健全清洁能源消纳长效机制的指导意见（征求意见稿）》意见的公告，http://www.nea.gov.cn/2020-05/19/c_139069819.htm.

③ 仪表网，2020，寿命从10年提高到16年，智能电表市场会怎么变？，https://www.ybzhan.cn/news/detail/87444.html.

许可监督管理办法》对制造、修理计量器具的单位或个人提出要求，并需要经质量技术监督部门考核合格，取得制造计量器具许可或者修理计量器具许可[①]。《配电自动化系统信息集成规范》广泛用于国网公司配电自动化系统与相关专业系统的信息集成，推动营销、配电业务领域应用系统数据整合，以提升我国电网运行效率[②]。

（16）金融环境

金融激励——《国家发展改革委、国家能源局关于促进智能电网发展的指导意见》提出，一是加大投资支持力度，加大国有资本预算支持力度，研究设立智能电网中央预算内投资专项，支持储能、智能用电、能源互联网等重点领域示范项目；二是促进形成多元化投融资体制，鼓励金融机构拓展适合智能电网发展的融资方式和配套金融服务，支持智能电网相关企业通过发行企业债等多种手段拓展融资渠道，鼓励并引进推广智能电网新技术、新产品，从成果转化的效益中提出一定份额用于技术创新的再投入[③]。

其他激励——国家电网发布的《关于加快推进坚强智能电网建设的意见》指出，2011—2015年为智能电网的全面建设阶段，此阶段投资约2万亿元，2016—2020年智能电网基本建成阶段的投资约

① 国家质量监督检验检疫总局，2008，制造、修理计量器具许可监督管理办法，https://www.pkulaw.com/chl/3d7d8e4fb3bbd5adbdfb.html?keyword=%E5%88%B6%E9%80%A0%E3%80%81%E4%BF%AE%E7%90%86%E8%AE%A1%E9%87%8F%E5%99%A8%E5%85%B7%E8%AE%B8%E5%8F%AF%E7%9B%91%E7%9D%A3%E7%AE%A1%E7%90%86%E5%8A%9E%E6%B3%95&way=listView.

② 北极星输配电网，2014，国网天津电科院：承担编制的配电自动化国网标准正式发布，https://news.bjx.com.cn/html/20140925/550225.shtml.

③ 国家发展改革委、国家能源局，2015，国家发展改革委 国家能源局关于促进智能电网发展的指导意见，http://www.nea.gov.cn/2015-07/07/c_134388049.htm.

1.7万亿元[①]。

（17）合作环境

私营部门：重要的智能电表制造企业如江苏林洋能源股份有限公司（“林洋能源”）、杭州海兴电力科技股份有限公司（“海兴电力”）、杭州炬华科技股份有限公司（“炬华科技”）、宁波三星医疗电气股份有限公司、宁波万盛智能科技股份有限公司、宁波迦南智能电气股份有限公司等。深圳市力合科创股份有限公司参与湖州想实电子股份有限公司天使轮融资，广发信德投资管理有限公司参与江苏林洋电子股份有限公司A轮融资[②]。

政府：广东省深圳市、广州市，江苏省南京市。深圳、广州对智能电网及设备等领域给予资金补助以及财政补贴等激励措施。南京作为试点开始实施推广利用智能电表实施非侵入式用电符合检测。

非营利组织：中国仪器仪表行业协会电工仪器仪表分会。

（18）目标区域

西藏、广东、辽宁、湖南、贵州。

2. 特高压建设

特高压目前世界上最先进的输电技术之一，具有远距离、大容量、低损耗、少占地的综合优势，建设特高压、远距离输电通道可以提高输电效率。中国东部地区用电量和发电量存在巨大缺口，而中西部地区的电力显著供大于需，两者间的落差表明以特高压为载体

① 国家电网，2010，关于加快推荐坚强智能电网建设的意见，https://wenku.baidu.com/view/cda5420cbb68a98271fefa65.html.

② IT桔子，2021，想实电子，https://www.itjuzi.com/company/61844. IT桔子，2021，林洋电子，https://www.itjuzi.com/company/72572.

的“西电东送”“北电南送”工程还远未达到理想状态。大力发展特高压，持续将西南水电基地、北方可再生能源基地的电力资源输送到珠三角、长三角和京津唐等东部电力负荷中心，能够帮助解决电力供需错配及新能源消纳问题，是中国未来优化区域能源供需的重点。“十四五”期间将核准开工10交10直线路，预计“十四五”期间特高压总投资3 000亿元，年均600亿元[①]。

A）潜在机遇

（1）商业模式

特高压是指±800千伏及以上的直流电和1 000千伏及以上交流电的电压等级，分为交流和直流两种。交流特高压变电站适用于大功率输电工程，直流特高压变电站适合作为大区域中枢，担当网架的主干。

（2）案例研究

许继电气股份有限公司（“许继电气”）为具备特高压直流输电、柔性直流输电设备成套能力和整体解决方案能力的企业，提供特高压直流输电、柔性直流输电、直流输电检修和实验服务等构成的特高压业务体系，主要产品包括换流阀设备、特高压直流输电控制保护系统、直流场设备等。2020年许继电气直流输电系统毛利率为27.97%，营业收入比上年同期增长37.55%[②]。

B）商业案例

（3）市场规模和环境

2015年至2019年，中国特高压电器行业市场规模由895.9亿元增长

① 宋垚，2022，国网“十四五”特高压加速，一文带你读懂特高压https://wallstreetcn.com/articles/3649806.

② 许继电气，2021，2020年度报告，https://robo.datayes.com/v2/details/announcement/35437019.

至1 345.5亿元，年均复合增长率达到10.7%。2020年至2024年间，预计中国特高压电器行业市场规模将保持8.3%的复合年均增长率增长，到2024年中国特高压电器行业的市场规模将达到2 008亿元左右[①]。

（4）投资回报概况

2020年，根据部分上市公司毛利率数据测算，特高压相关业务平均毛利率约为16.4%。

（5）投资时间

根据部分上市公司数据测算，特高压工程单个项目的总周期在通常在5年以内。

（6）交易规模

从国网规划的3 800亿元投资额看，14条跨省的直流投资额约为3 500亿元，一般直流投资在200亿元至250亿元之间，特别长为300亿元；24条交流具体拆分段更复杂，不清楚落地站点数目，难以定义每一段投资额。

（7）市场风险和规模化障碍

特高压建设行业属于资本支出密集型。设备购置费通常占特高压变电工程概算的70%~80%，是最主要的资本开支方向。行业前17家企业占据市场89.3%的份额，共同瓜分267亿元以上的市场，其中行业前6家企业分享70%的市场份额，市场份额非常集中，这反映了特高压设备具备较高的行业门槛，各细分产品的竞争企业数量较少。

① 华经情报网，2020，中国特高压电器行业发展现状及趋势分析，产业技术不断提升，https://baijiahao.baidu.com/s?id=1686756165366566025&wfr=spider&for=pc. 头豹研究院，2020，2020年中国特高压电器行业概览，https://www.leadleo.com/report/details?id=5ea65fc54d4eff21508e9057.

C）影响案例

（8）可持续发展需求

我国三分之二的煤炭资源集中在陕西、山西和内蒙古三省区，80%的水电资源集中在西南地区，绝大多数可集中开发的风电和太阳能则分布在西北和东北地区，而与此同时我国七成用电需求却落在了东部和中部。能源资源与负荷中心逆向分布的国情，决定了远距离大容量输送电力是一项长期工程。因此，清洁能源充足的西部和北部地区相较东南沿海地区发展程度较低。

（9）预期发展产出

建设特高压、远距离输电通道，能够帮助解决可再生能源电力供需错配及新能源消纳问题，有助于能源领域的减排；在清洁能源充足的西部和北部欠发达地区建设特高压站点，能够创造就业，拉动当地经济发展。我国电网建设具有较强的逆周期性，因此，电网投资也成为我国调节经济增长的重要手段，对经济增长和就业带动贡献显著。

（10）涉及的SDGs

直接影响的SDG为“SDG 7. 经济适用的清洁能源—7.2.1可再生能源占最终能源消费总量的比重”，间接影响的SDG为“SDG 9. 产业、创新和基础设施”。

（11）利益相关方

对个人的直接影响——特高压建设能够帮助缓解中东部地区的电力压力，满足人民用电需求；对个人的间接影响——特高压产业链条较长，其建设可以拉动社会投资，增加就业岗位。

对地球的直接影响——利用特高压连接大型能源基地和用电地区，可以帮助实现地区间电力资源的有效配置，有效保障电力供应，提高清洁能源利用率，减少化石能源使用产生的二氧化碳及污染物；对地球的间接影响——用特高压输电能够大量节省输电走廊，显著提高单位走廊宽度的输送内容，节约宝贵的土地资源，提高土地资源的整体利用效率。

（12）产出和影响力风险

当变电站电磁环境严重时，会影响变电站附近居民的无线电接收和专业无线电台站的工作，也可能会影响周围居民和变电站工作人员的工作和生活[①]；超（特）高压直流运行的线路和部分设备具有很强的吸尘能力，特别是重化工企业向空中排放的气体和烟尘中的浮悬物。由于高压直流电的吸尘效应，尘埃会不断地被吸附到设备、瓷瓶和导线上，容易引起设备和瓷瓶的污闪事故，甚至损坏设备中的核心器件；此外，特高压设备维护成本也较高。

（13）IMP分类

B－利益相关方福利改善

建设特高压站点能够解决我国能源分布和能源需求不匹配、不均衡的问题，优化能源资源在更大范围内的配置。

什么（What）：结果很可能是积极的、影响深远的和大规模的，因为特高压建设有助于解决电力资源供需错配以及新能源消纳问题。

谁（Who）：居民用电和相关公司对用能质量的需求得到满足，中东部地区用电压力得到缓解。

风险（Risk）：直流系统没有开关，一旦出现故障需要全线停电，交流系统稳定性不足。

① 万保权等，2009，特高压变电站的电磁环境影响，https://xueshu.baidu.com/usercenter/paper/show?paperid=20c7ceeedde5417edfc1219d5ae39bb3&site=xueshu_se.

D）政策支持环境

（14）政策环境

“十四五”规划明确提出要推进能源革命，建设清洁低碳、安全高效的能源体系，提高能源供给保障能力，提高特高压输电通道利用率。国家能源局发布的《2021年能源工作指导意见》提出要加快多项特高压工程，提升新能源输送能力，明确要加快建设陕北—湖北、雅中—江西等特高压直流输电通道，加快建设白鹤滩到江苏、闽粤联网等重点工程，推进白鹤滩—浙江特高压直流项目前期工作，进一步完善电网主网架布局和结构，提升省间电力互济能力①。2020年2月，国家电网发布《2020年重点工作任务》，强调推进“5交2直”特高压建设②。

（15）监管环境

国家能源局对典型电网工程项目投资成效从规划落实情况、运行时效情况、投资及效益情况三方面进行监管③。2021年4月，国家标准委发布《2021年全国标准化工作要点》，提出加快新能源开发利用、电力储能、氢能、特高压交直流输电、电力系统安全、需求侧管理等标准研制④；特高压项目中涉及永久占地的部分，如变电站、换流站

① 国家能源局，2021，国家能源局关于印发《2021年能源工作指导意见》的通知，http://www.nea.gov.cn/2021-04/22/c_139898478.htm.

② 国家电网，2020，2020年重点工作任务，https://shupeidian.bjx.com.cn/html/20200226/1047999.shtml.

③ 国家能源局，2021，关于开展酒湖特高压直流等典型电网工程投资成效监管工作的通知，http://nyjsw.org.cn/show-76083.html.

④ 国家标准化管理委员会，2021，2021年全国标准化工作要点，http://dsj.guizhou.gov.cn/zwgk/xxgkml/zcwj/zcfg/202104/t20210415_67825577.html.

等原则上可通过建设用地出让、划拨方式取得土地使用权。如该类用地涉及农民集体所有的土地的，根据《土地管理法》的相关规定，可通过土地征收后再行划拨或集体经营性建设用地入市交易方式取得土地使用权①。

（16）金融环境

金融激励——2018年国家电网启动大规模混改，积极引入保险、大型产业基金以及送受端地方政府所属投资平台等社会资本参股，以合资组建项目公司方式投资运营新建特高压直流工程，共促电网发展，共享改革成果。

其他激励——《国务院关于创新重点领域投融资机制鼓励社会投资的指导意见》指出，鼓励社会资本参与电网建设，积极吸引社会资本投资建设跨区输电通道、区域主干电网完善工程和大中城市配电网工程，将海南联网Ⅱ回线路和滇西北送广东特高压直流输电工程等项目作为试点，引入社会资本②。

（17）合作环境

私营部门：代表性企业有国电南瑞科技股份有限公司、许继电气股份有限公司、河南平高电气股份有限公司、中国西电集团有限公司、特变电工股份有限公司、思源电气股份有限公司、北京四方继保自动化股份有限公司。代表性的投资机构有红杉资本股权投资管理有限公司、深圳市创新投资集团、达晨财智创业投资管理有限公司、国

① 金杜研究院，2020，新基建背景下的特高压相关政策及投建合规点分析，http://www.china-cer.com.cn/xinjijian/202004284491_3.html.

② 国务院，2014，国务院关于创新重点领域投融资机制鼓励社会投资的指导意见，http://www.gov.cn/zhengce/content/2014-11/26/content_9260.htm.

投创业投资管理有限公司、深圳同创伟业资产管理股份有限公司。

政府：多地政府发布相关文件促进特高压行业发展，比如重庆、甘肃、湖南等。

（18）目标区域

西藏、广东、辽宁、湖南、贵州。

3. 电动汽车充电基础设施

充电桩是为新能源电动汽车提供充电服务的设备装置，安装于公共楼宇、停车场、商场、运营车充电站等公共场所及居民小区等私人场所。充电桩的普及能够解决电动汽车充电难的问题，促进电动汽车的普及以及交通行业的低碳转型。然而，中国目前公共充电桩和私人充电桩的数量远远无法匹配新能源汽车的产能。为实现国家新能源汽车规划目标，充电基础设施建设将成未来发展重点，电动汽车充电基础设施行业成长空间巨大。2020年中国电动汽车充电基础设施累计数量为168.1万个，预计到2026年，中国电动汽车充电基础设施累计需求量将超过1 000万个，2020年至2026年的复合年均增长率将达到37%①。

A）潜在机遇

（1）商业模式

充电桩共有两种运营方式。一是充电运营商主导模式，由充电运营商负责充电桩的建设、日常维修保养、运营，为用户提供充电服务，收入基本依靠充电服务费；二是第三方充电服务平台主导模式，

① 前瞻产业研究院，2022，中国电动汽车充电桩行业发展前景预测与投资战略规划分析报告，https://www.hemeirv.com/cars_1024527.

第三方平台通过自身强大的资源整合能力，将不同的充电运营商的充电桩接入到自家的平台，以大数据、资源整合分配等技术打通不同运营商的充电桩，提高单桩利用率，连接运营商及B端用户，实现稳定收益。该模式的盈利来源包括充电运营商分成服务费、增值服务费。

（2）案例研究

江苏云快充新能源科技有限公司的定位为第三方充电SaaS服务平台，是一款为电动汽车提供充电服务的App，同时向中小充电运营商、设备制造商、车辆运营商和用户提供服务。目前云快充的服务范围已覆盖26个省份、102座城市，服务350多家充电运营商和300余家新能源汽车运营商。

特来电新能源股份有限公司（“特来电”）主要从事新能源汽车充电网的建设、运营及互联网的增值服务，提供有手机专区、充电网络、互联互通平台、SaaS平台等功能，其商业模式分为“大系统卖车”“大平台卖车”“大数据修车”“大支付金融”“大合作租车”“大客户电商”。根据青岛特锐德电气股份有限公司（“特锐德”）2020年年报披露，子公司特来电2020年营业收入15.20亿元，净利润-776.96万元[①]。

B）商业案例

（3）市场规模和环境

2015年至2019年，中国新能源汽车充电桩行业市场规模（按充电桩建设规模统计）由12.6亿元增长至56.6亿元，年复合增长率为

① 特来电，2021，2020年年报 https://aiqicha.baidu.com/annualreport?pid=20144708027057&year=2020.

45.7%[①]。

（4）投资回报概况

2020年，根据部分上市公司毛利率数据测算，新能源充电设备业务平均毛利率约为23.2%[②]。

（5）投资时间

根据部分上市公司公告，充电桩相关项目平均静态投资回收期为5年至10年[③]。

（6）交易规模

根据部分上市公司数据测算，充电桩项目平均投资规模为3亿元至5亿元。

（7）市场风险和规模化障碍

由于充电桩前期投资建设成本高、运营维护成本高等问题，运营商投资成本回报周期长，短期难以盈利[④]；目前，充电桩运营企业的主要收入来源为充电服务费，收入来源单一，完全依赖于用户

---

① 头豹研究院，2020，新基建重点发展方向——充电桩产业链全解析，https://xueqiu.com/9316031167/149090615.

② 科士达，2021，2020年年报，https://data.eastmoney.com/notices/detail/002518/AN202103301478624913.html. 盛弘股份，2021，2020年年报，http://static.cninfo.com.cn/finalpage/2021-04-27/1209817234.PDF. 奥特迅，2021，2020年年报，http://static.cninfo.com.cn/finalpage/2020-07-25/1208075471.PDF.

③ 特锐德，2020，创业板向特定对象发行股票预案，http://static.cninfo.com.cn/finalpage/2020-09-04/1208389535.PDF. 易事特，2020，创业板非公开发行A股股票预案，http://file.finance.sina.com.cn/211.154.219.97:9494/MRGG/CNSESZ_STOCK/2020/2020-3/2020-03-07/5925780.PDF. 科陆电子，2015，2015 年度非公开发行股票预案，http://static.cninfo.com.cn/finalpage/2015-10-29/1201736208.PDF.

④ 头豹研究院，2020，2020年中国新能源汽车充电桩行业概览，https://www.docin.com/p-2574299879.html.

充电量的需求；此外，充电桩整体利用率较低，行业平均利用率在3%~5%[①]。

C）影响案例

（8）可持续发展需求

交通运输业的低碳转型对实现“双碳”目标非常重要，而充电桩作为电动汽车赖以发展的配套设施，却落后于新能源汽车的发展，无法满足社会的充电需求，成为掣肘新能源汽车发展的瓶颈之一。截至2021年6月底，全国新能源汽车保有量达到603万辆，其中纯电动车保有量为493万辆，占新能源汽车总量的81.7%。按此计算，如果全国的新能源汽车都在高速公路上行驶，平均每603辆车才能共享一个充电桩[②]；此外，各省市充电基础设施普及率存在地区差异。

（9）预期发展产出

电动车充电桩的安装可以解决电动汽车的发展瓶颈，促进电动汽车的普及和交通行业脱碳。此外，充电桩还能够将新能源电动汽车作为移动储能单元向电网供电，起到调整用电负荷、改善电能质量、消纳可再生能源的作用[③]。随着京津冀鲁、长三角、珠三角等重点城市分批试点充电基础设施建设的推进，充电桩建设未来将在西部城市大范围开展，进而缩小地区间充电桩行业发展的差异。

（10）涉及的SDGs

直接影响的SDG为“SDG 13. 气候行动—13.2.2 每年温室气体排

① 新京报，2021，中汽协王耀采访，https://chejiahao.autohome.com.cn/info/9741505.

② 中研网，2021，中国充电桩建设政策规划 2022中国充电桩数量规模及未来需求前景，https://www.chinairn.com/hyzx/20211130/125952394.shtml.

③ 中商情报网，2021，2021年中国充电桩行业市场现状及发展趋势预测分析，https://www.askci.com/news/chanye/20210904/1539401577947_5.shtml.

放总量”，间接影响的SDG为“SDG 11. 可持续城市和社区”。

（11）利益相关方

对地球的直接影响——电动汽车充电基础设施的建设可以促进电动汽车的普及率，减少交通行业的二氧化碳排放以及尾气污染问题；对地球的间接影响——充电桩设施的建设有可能会挤占土地资源。

（12）产出和影响力风险

充电站安装在公共停车位，可能会对公共空间利用产生负面影响，并挤压原先的停车位①。如果监管和维护不到位，容易出现坏桩及被油车占用的情况，影响充电桩利用率，无法解决电动车充电问题②。

（13）IMP分类

C－贡献问题解决方案

合理规划布局城市的充电基础设施建设，可以确保不同城市区位不同经济水平的居民都能够获取平等的、充足的和可负担的基础设施资源；充电设施建设投资，能够解决电动汽车充电难的问题，促进电动汽车的普及以及交通行业的低碳转型。

什么（What）：结果很可能是积极的、重要的、长期的和大规模的，充电桩作为新能源汽车必要的基础配套设备，其充电便利程度是推动新能源汽车持续发展的关键，充电桩的发展能够推动能源汽车的普及。

① 世界资源研究所，2020，中国新能源汽车规模化推广对电网的影响分析：新能源汽车如何更友好地接入电网系列，https://www.wri.org.cn/report/2020/06/Quantifying-the-Grid-Impacts-CN.

② 中国新闻周刊，2021，为充电排队4小时，新能源车主在高速上有多囧？，https://mp.weixin.qq.com/s/JGvx5iG1MeaxO4bpuSqNjg.

谁（Who）：居民能够更便利地驾驶新能源汽车，解决出行途中电动汽车充电问题。

风险（Risk）：如果监管和维护不到位，充电桩利用率则有可能大幅下降，还可能因此发生安全事故，使用户的人身财产安全受到威胁；除此之外，新能源汽车的用电负荷增加可能使该地区的电源装机容量、输电线路容量出现缺口。

D）政策支持环境

（14）政策环境

2021年，国务院在《2030年前碳达峰行动方案》中明确指出加快推进绿色交通基础设施建设。2021年，国务院《关于加快建立健全绿色低碳循环发展经济体系的指导意见》提出加强新能源汽车充换电、加氢等配套基础设施建设。2020年，国务院出台《新能源汽车产业发展规划（2020—2035）》，指出要落实对新能源汽车和充电桩建设的优惠政策。

（15）监管环境

2021年，国家市场监督管理总局发布的《市场监管总局办公厅关于开展民生计量专项行动的通知》中指出，各地市场监管部门要加强电动汽车充电桩计量监管研究，摸清本地区在用电动车充电桩的基本情况，提高计量检定服务能力，有条件可先试点开展电动汽车充电桩强制检定工作①。住建部发布的《电动汽车充电站设计规范》对充电站规模及站址选择、总平面布置、充电系统、供配电系统、电能质量、计量、监控及通信系统、土建、消防给水和灭火设施、节能与环保等

① 市场监管总局，2021，市场监管总局办公厅关于开展民生计量专项行动的通知，https://gkml.samr.gov.cn/nsjg/jls/202103/t20210329_327380.html.

都做出了具体规定。2020年发布的行业标准《电动汽车充电站及充电桩设计规范》规定了电动汽车充电站、充电桩设计应遵循的基本原则和主要技术要求，主要适用于电动汽车充电站及充电桩新建、扩建和改建工程的设计和建设工作。

（16）金融环境

金融激励——《国家发展改革委等部门关于进一步提升电动汽车充电基础设施服务保障能力的实施意见》指出，提高金融服务能力，创新利用专项债券和基金等金融工具，重点支持充电设施以及配套电网建设与改造项目；鼓励各类金融机构通过多种渠道，为充电设施建设提供金融支持；鼓励保险机构开发适合充电设施的保险产品①。

财政激励——《国家发展改革委等部门关于进一步提升电动汽车充电基础设施服务保障能力的实施意见》指出，优化财政支持政策，对作为公共设施的充电桩建设给予财政支持。鼓励地方建立与服务质量挂钩的运营补贴标准，进一步向优质场站倾斜；鼓励地方加强大功率充电、车网互动等示范类设施的补贴力度，促进行业转型升级。

其他激励——商务部办公厅印发的《商务领域促进汽车消费工作指引和部分地方经验做法的通知》中指出，鼓励有条件的地方出台充（换）电基础设施建设运营补贴政策，支持依托加油站、高速公路服务区、路灯等建设充（换）电基础设施，引导企事业单位按不低于现有停车位数量10%的比例建设充电设施。

① 国家发展改革委，2022，国家发展改革委等部门关于进一步提升电动汽车充电基础设施服务保障能力的实施意见，https://www.ndrc.gov.cn/xxgk/zcfb/ghxwj/202201/t20220121_1312634.html?code=&state=123.

（17）合作环境

私营部门：重要的充电桩企业有特来电、万帮星星充电科技有限公司、上海上汽安悦充电科技有限公司、比亚迪股份有限公司（“比亚迪”）、深圳奥特迅电力设备股份有限公司（“奥特迅”）、北京电动未来信息科技有限公司、云杉智慧新能源技术有限公司等。重要的充电桩行业投资者有普洛斯投资（上海）有限公司、国家电力投资集团公司、中国长江三峡集团有限公司等。

政府：多地政府发布相关文件支持新能源汽车发展和充电基础设施的建设，比如北京、上海、天津等。

（18）目标区域

西藏、广东、辽宁、湖南、贵州。

四、生物燃料行业

生物质能是一种极具潜力的可再生能源，推进储量丰富和绿色环保的生物质材料资源化利用，是实现“双碳”目标的技术途径之一。其中，废油脂制生物质柴油具有清洁和可再生的优势，不仅能减少碳排放、减轻大气污染，同时也能够从源头上阻止地沟油回流餐桌，保障食品安全，因此其发展也有广阔的市场空间。短期来看，预计将有相关产业补贴政策出台，支持废油脂制生物质柴油的经济性，促进行业研发投入；长期来看，行业技术进步、成本降低、产能扩张、海外需求等都将进一步支撑废油脂制生物质柴油行业的投资价值。

发展需求：中国的快速发展使能源消费日益增加，为了减少在此过程中带来的环境污染以及减缓气候变化，应积极探索其他可再生能源的开发与利用。其中，生物燃料是一个重要方向。

政策优先事项：2021年，国家发展改革委印发《“十四五”生物经济发展规划》，其中指出应积极开发生物能源，积极推进先进生物燃料在市政、交通等重点领域替代推广应用，推动化石能源向绿色低碳可再生能源转型①。

性别不平等及边缘化：利用农村废弃物发展生物能源有利于帮助农村地区的居民获得可负担的清洁能源。

投资机会：中国在发展生物燃料遵循“不与人争粮，不与粮争地”的原则，因此该子产业下重点关注废油脂制生物质柴油。

关键瓶颈：生物燃料的经济性差，一般需要依靠补贴。

废油脂制生物质柴油

生物柴油是生物质能的一种，是国际公认的可再生清洁能源，主要用于动力燃料和生物基材料领域，是交通运输部门实现碳减排的主流方向之一。与传统石化柴油相比，以餐饮废弃油脂和食品加工业废弃油脂为原料的生物柴油可减少约80%的温室气体排放②。推广和使用这类生物能源，对于提高交通运输燃料可再生能源占比、减少柴油车温室气体排放、推动碳达峰碳中和工作具有重要现实意义。随着众多国家的掺混比例要求提升，生物柴油产能将难以满足燃料添加需求，为中国企业出口以废弃油脂生产的生物柴油提供了充足的市场空间。我国柴油消费量为每年2亿吨，按B5柴油调配比例计算，每年生物柴

① 国家发展改革委，2021，国家发展改革委关于印发《“十四五”生物经济发展规划》的通知，http://www.gov.cn/zhengce/zhengceku/2022-05/10/content_5689556.htm.

② 中国石油新闻中心，2021，推动废弃油脂制生物燃料产业发展，http://news.cnpc.com.cn/system/2021/09/28/030045895.shtml.

油BD100需求量在1 000万吨左右，按目前价格每吨7 000~9 000元，其总价为700亿~900亿元[①]。

A）潜在机遇

（1）商业模式

生物柴油是指以动植物油脂或废油脂为原料，由甲醇或乙醇在催化剂作用下经酯交换或酯化反应制成的脂肪酸甲（乙）酯，可代替化石柴油的再生性燃料。生物柴油产业链可分为上游资源供应、中游研发生产、下游销售渠道和服务三个环节。

（2）案例研究

龙岩卓越新能源股份有限公司（“卓越新能”）是一家经政府许可的，通过综合利用废油脂（“地沟油”、酸化油等）从事生物柴油及衍生产品的研发、生产与销售的资源循环利用企业，产品用于清洁动力能源和生物基绿色化学品等领域，能够实现废弃油脂的无害化处置和资源化利用。截至2021年年末，公司生物柴油产能规模达到40万吨，预计未来3~5年生物柴油年产能规模将达到60万吨。2021年，公司生物质柴油板块营业收入27.3亿元[②]。

B）商业案例

（3）市场规模和环境

在考虑到隐形资源的条件下，2021年中国柴油实际消费量约为

---

① 全国团体标准信息平台，2021，《生物柴油 B100》团体标准编制说明，https://www.ttbz.org.cn/upload/file/20210714/6376185322168711751068116.pdf.

② 卓越新能，2022，2021年年度报告，http://www.cninfo.com.cn/new/disclosure/detail?plate=sse&orgId=9900029007&stockCode=688196&announcementId=1212705676&announcementTime=2022-03-29. 卓越新能，2019，公司招股书，http://www.cninfo.com.cn/new/disclosure/detail?plate=sse&orgId=9900029007&stockCode=688196&announcementId=1207092002&announcementTime=2019-11-15.

1.9亿吨[①]。按B5柴油调配比例计算（即5%生物柴油添加比例），中国生物质柴油市场空间约700亿元至900亿元。

（4）投资回报概况

2020年，根据部分上市公司毛利率数据测算，生物质柴油板块近三年的平均毛利率约为13.9%[②]。

（5）投资时间

根据部分上市公司数据测算，生物柴油项目投资回报周期通常小于5年。

（6）交易规模

根据部分上市公司数据测算，生物柴油项目总投资约为5亿元至10亿元。

（7）市场风险和规模化障碍

资本方面较依赖补贴支持。全世界生物柴油生产成本相较石化柴油（2019年中国石化柴油出口均价为574.4美元/吨）均普遍偏高，因此世界各国推广生物柴油均需给予其一定的政策支持，主要方式包括强制消费比例或数量、财政补贴等[③]；产业方面，也存在供应链限

---

① 中国石油和化学工业联合会化工数据网，2022，2022年度柴油市场发展报告，http://www.cpcifdata.org/template/Preview.jsp?ChID=0402&NewsID=2022062324.

② 嘉澳环保，2021，2020年度报告，http://static.sse.com.cn/disclosure/listedinfo/announcement/c/new/2021-04-30/603822_20210430_14.pdf. 隆海生物，2020，2020年半年度报告，http://www.cninfo.com.cn/new/disclosure/detail?plate=neeq&orgId=gfbj0836344&stockCode=836344&announcementId=1208197864&announcementTime=2020-08-17.

③ 李顶杰，2021，中国生物柴油产业发展现状及建议，https://kns.cnki.net/kcms/detail/detail.aspx?dbcode=CJFD&dbname=CJFDLAST2021&filename=GJJJ202108012&uniplatform=NZKPT&v=Zxy_nGTAa3z-xW6j0jIWdSqOpk7t6NAStLmpFHjHMQb65L5WJqmGrSxxyAZlMbrK.

制。目前我国废弃油脂以个体经营为主，捞取和收集工作仍主要依靠人工，因而回收环节相对分散，质量较难把控。

C）影响案例

（8）可持续发展需求

进入新世纪以来，随着我国经济社会持续快速发展，交通运输温室气体减排和尾气污染防治压力继续加大。2020年交通运输业能源消费（汽油、柴油、煤油、燃料油、交通用天然气）约占我国总能源消耗和二氧化碳排放总量的10%和11%。因此，需要进一步推动交通能源领域清洁低碳发展，降低交通运输业温室气体和主要污染物排放。另外，餐饮废弃油脂（俗称“地沟油”）由于没有被妥当资源化利用，在经济不发达地区以及面向低收入人群的小餐馆中仍旧有所使用。

（9）预期发展产出

生物柴油作为绿色能源，具有可再生、清洁和安全三大优势，促进生物柴油产业发展能够推进能源替代，减少温室气体排放，减轻环境压力及城市大气污染。与传统石化柴油相比，以餐饮废弃油脂和食品加工业废弃油脂为原料的生物柴油可减少温室气体排放约80%；资源化利用“地沟油”能够阻止其回流餐桌并保障食品安全，减少对低收入人群健康的影响。

（10）涉及的SDGs

直接影响的SDG为“SDG 13. 气候行动—13.2.2 年温室气体总排放量”，间接影响的SDG为“SDG 3. 良好健康与福祉”。

（11）利益相关方

对个人的直接影响——使用生物柴油可以减少空气污染，改善当地居民的健康；对个人的间接影响——为了利用废油脂生产生物质柴油，需要收集“地沟油”，可以防止小餐馆重复使用，保障当地居民的食品安全[①]。

对地球的直接影响——与传统石化柴油相比，以餐饮废弃油脂和食品加工业废弃油脂为原料的生物柴油可减少温室气体排放约80%，有助于交通行业脱碳，减缓气候变化。

（12）产出和影响力风险

在高海拔地区，生物质柴油的氮氧化物排放量较高，造成空气污染[②]；油脂类产品在生产过程中容易引发火灾，存在安全隐患。

（13）IMP分类

A－采取行动以避免损害

我国生物柴油行业的发展，不仅消费者提供了一种绿色可再生资源，更重要的是解决了地沟油等废油脂的无害化处置和资源化利用的食品安全与环保问题。

什么（What）：结果很可能是积极的、重要的、长期的和大规模的，通过对废油脂的回收再利用，能够合理地解决“地沟油”回流餐桌现象，同时对我国经济可持续发展、推进能源替代、减轻环境压力、控制城市大气污染具有重要的战略意义。

谁（Who）：居民的饮食安全和生活质量将有所提升。

D）政策支持环境

（14）政策环境

2014年，国家能源局印发《生物柴油产业发展政策》，从原料保

---

① 前瞻产业研究院，2021，2021—2026年中国生物柴油行业市场前瞻与投资战略规划分析报告，https://bg.qianzhan.com/trends/detail/506/210729-22247f73.html.

② 刘少华，2014，高原缺氧环境下生物质燃料对柴油机性能和排放的影响，http://www.cnki.com.cn/Article/CJFDTotal-NYGU201413007.htm.

障、产业布局、行业准入、监督管理等方面对生物柴油产业全方位提出规范要求[①]。2020年，国务院新闻办发布的《新时代的中国能源发展》白皮书中强调，我国将积极推进生物天然气产业化发展和农村沼气转型升级，坚持不与人争粮、不与粮争地的原则，严格控制燃料乙醇加工产能扩张，重点提升生物柴油产品品质，推进非粮生物液体燃料技术产业化发展[②]。2021年，国家发展改革委印发《“十四五”生物经济发展规划》，指出要在有条件的地区开展生物柴油推广试点，推进生物航空燃料示范应用。2022年，国家能源局、国家发展改革委等印发《“十四五”现代能源体系规划》，提出大力发展纤维素燃料乙醇、生物柴油等[③]。

（15）监管环境

2005年出台的《可再生能源法》将可再生能源的范围界定为风能、太阳能、水能、生物质能、地热能和海洋能等，并明确规定石油销售企业应将符合国家标准的生物液体燃料纳入其燃料销售体系[④]。2016年发布的《车用柴油》（GB 19147—2016）国家强制性质量标准，允许添加不超过1%的BD100生物柴油[⑤]。2017年国家标准化管理委员

① 国家能源局，2014，生物柴油产业发展政策，http://zfxxgk.nea.gov.cn/auto83/201501/t20150123_1882.htm.

② 国务院新闻办公室，2020，《新时代的中国能源发展》白皮书，http://www.gov.cn/zhengce/2020-12/21/content_5571916.htm.

③ 国家发展改革委，国家能源局，2022，关于印发《“十四五”现代能源体系规划》的通知，http://www.gov.cn/zhengce/zhengceku/2022-03/23/content_5680759.htm.

④ 全国人大，2006，可再生能源法，http://www.gov.cn/ziliao/flfg/2005-06/21/content_8275.htm.

⑤ 国家能源局，2021，关于生物柴油政策咨询的回复，http://www.nea.gov.cn/2021-09/27/c_1310212584.htm.

会印发《GB 25199—2017 B5柴油国家标准》，标准要求添加1%~5%的BD100生物柴油，同时将生物柴油相关的2个产品国家标准整合为1个国家强制标准①。

（16）金融环境

金融激励——2018年，上海市政府发布《上海市支持餐厨废弃油脂制生物柴油推广应用管理办法》，提出市财政安排资金对本市确定的B5生物柴油加油站、水上加油站以及经相关部门认可的内部加油站实际销售的B5生物柴油，按照与0#柴油销售价格相比实际优惠量的8折，补贴给B5生物柴油调制销售企业，补贴最高不超过0.24元/升②。

财政激励——中国对符合国家标准的生物柴油执行免征消费税和70%增值税即征即退政策。

（17）合作环境

私营部门：废油脂生物质柴油制造商如卓越新能，浙江嘉澳环保科技股份有限公司（“嘉澳环保”），河北隆海生物科技有限公司（“隆海生物”），唐山金利海生物柴油股份有限公司，山东丰汇新能源有限公司，浙江东江能源科技有限公司，荆州大地生物工程股份有限公司等③。

政府：上海市为我国生物柴油试点城市。截至2020年6月，上海

---

① 国家能源局，2017，《GB 25199—2017 B5柴油国家标准》，https://openstd.samr.gov.cn/bzgk/gb/newGbInfo?hcno=895FE9C964F74BB1B0D872DDFF3C861B.

② 上海市发展和改革委员会等，2021，上海市支持餐厨废弃油脂制生物柴油推广应用管理办法，https://fgw.sh.gov.cn/fgw_gfxwj/20211123/8acf7d3bee904b8587cefd3fa37d3655.html.

③ 前瞻经济学人，2021，生物柴油行业产业链全景梳理及区域热力地图，https://xw.qianzhan.com/analyst/detail/220/210927-7ea7c80b.html.

石油天然气有限公司建成B5生物柴油调和基地1座，达到年发货40万~60万吨B5生物柴油的规模①。

（18）目标区域

浙江、河北、山东、河南、湖北。

五、太阳能技术与项目开发行业

太阳能是主要的可再生能源之一。目前中国太阳能光伏发电已趋于成熟，成本快速下降，太阳能热发电、热利用技术与应用也发展迅猛，将助力中国碳达峰碳中和的实现。一是为提高太阳能转换效率，N型光伏电池将逐渐替代现在主流的P型硅片电池；二是为提高太阳能发电资源区域整合能力，分布式光伏电站还将进一步扩大投资建设；三是为增强建筑物综合经济效益，光伏建筑一体化（BIPV）新型材料将承担重要战略核心角色。

发展需求：与燃烧化石燃料来实施发电生产操作的传统做法相比，运用可循环的清洁太阳能作为发电能源更能保证发电生产过程的节能性与清洁性，有效杜绝了过度消耗与使用传统化石能源引发的生态破坏污染威胁②。

政策优先事项：“十四五”规划提出加快发展非化石能源，坚

① 人民网上海，2018，上海石油生物柴油业务消化“地沟油”3万吨，http://sh.people.com.cn/n2/2020/0612/c134768-34083491.html.

② 维普期刊专业版，2005，《太阳能光伏发电可再生能源——可循环的清洁能源》，http://qikan.cqvip.com/Qikan/Article/Detail?id=11716882&from=Qikan_Search_Index.

持集中式和分布式并举，大力提升风电、光伏发电规模。《2021年能源工作指导意见》确立了2021年能源工作的主要目标：2021年风电、光伏发电量占全社会用电量的比重达到11%，能源资源配置更加合理、利用效率大幅提高，风电、光伏发电等可再生能源利用率保持较高水平。

性别不平等及边缘化：大量的光伏电站建在我国西部的戈壁、沙漠等荒芜土地上，光伏面板减少了水分蒸发，使土地更加湿润。从青海、内蒙古等地实际情况看，有些电站土地已经能生长草原植被甚至种植经济作物，生态修复效果显著[①]。

投资机会：当前光伏领域的IOA主要集中于电池及光伏组件的终端应用。

关键瓶颈：光伏的开发和利用面临两个重大挑战：一是光伏具有“间歇、波动、难以准确预测、受控程度低”等劣势；二是受制于送出和消纳，西部地区弃光情况虽有缓解，但整体情况仍不乐观，中部“十三五”期间装机较多的地区，已出现弃光现象[②]。

1. N型光伏电池

光伏电池可以根据技术路径分为P型电池片和N型电池片两类：P型电池原材料为P型硅片（掺杂硼），N型电池原材料为N型硅片（掺杂磷）。目前光伏行业主流是P型电池（PERC技术为主），未来N型电

① 央视财经，2020，光伏发电的平价时代到了吗？，https://mp.weixin.qq.com/s/2ORooQlg9MDlzsbHGH5xww.

② 索比光伏网，2021，光伏发展存在三大瓶颈问题，https://news.solarbe.com/202107/30/342436.html.

池可能逐渐取代P型电池的市场，N型电池的推广可以提升太阳能转换效率，降低光伏发电成本，提高可再生能源可及性。投资N型电池的目的是不断提高电池的转换效率，提高组件的发电能力，进而增加全生命周期的总发电量，实现最低度电成本，帮助更多的人以更低廉的价格使用清洁能源。根据Pvinfolink预测，2020年N型电池产能为14GW，2025年可达到153GW[①]。

A）潜在机遇

（1）商业模式

主要的商业模式包括N型光伏电池［主要包括异质结（HJT）电池和隧穿氧化层钝化接触（TOPCon）电池］的研发、量产及商业化销售环节。较之传统P型电池，N型电池能提高能量转换效率，降低光伏发电成本，具有广阔的市场前景。

（2）案例研究

苏州潞能能源科技有限公司从事光伏设备及元器件、半导体器件专用设备、电力电子元器件等产品的制造和销售。其在张家港经开区杨舍镇的年产1GW TOPCon、1GW HJT电池、500MW高效半片组件项目预计达产后，年销售约22亿元，税收约1亿元[②]。

B）商业案例

（3）市场规模和环境

2020年N型电池产能为14GW，预计未来5年内会迎来产能的爆

① Pvinfolink，2021，N型高效电池技术进展与展望，https://www.infolink-group.com/energy-article/cn/High-efficiency-n-type-cell-technology-Development-and-prospects.

② 北极星太阳能光伏网，2021，总投资30亿元　苏州潞能HJT电池、TOPCon电池及组件项目开工，https://guangfu.bjx.com.cn/news/20210308/1140183.shtml.

发期，将达到136GW，对应2020年至2025年复合年均增长率将达到58%。

（4）投资回报概况

2020年，根据部分上市公司数据测算，N型光伏电池项目内部收益率在15%至20%之间①。

（5）投资时间

N型光伏电池建设项目投资回报周期通常小于5年。

（6）交易规模

HJT光伏电池（异质结电池，一种N型单晶双面电池）投资成本约为4.5亿元/GW，TOPCon光伏电池（隧穿氧化层钝化接触，一种N型硅片电池技术）的投资成本约为2亿元/GW至2.5亿元/GW。

（7）市场风险和规模化障碍

该行业属于资本支出密集型，HJT、TOPCon的投资成本都较高。

C）影响案例

（8）可持续发展需求

中国目前的能源结构以化石燃料为主。为了降低碳排放，中国需要进一步推广包括太阳能在内的可再生能源。随着产业技术进步，近年来新建光伏发电项目成本不断下降，在此背景下，国家发展改革委出台2021年新能源上网电价政策，明确2021年起对新备案集中式光伏电站、工商业分布式光伏项目，中央财政不再补贴，给光伏产业的进

① 爱旭股份，2021，2021年度非公开发行A股股票预案（三次修订稿），http://www.cninfo.com.cn/new/disclosure/detail?plate=sse&orgId=gssh0600732&stockCode=600732&announcementId=1211147394&announcementTime=2021-09-25. 隆基股份，2021，关于公开发行可转换公司债券申请文件反馈意见的回复（修订稿），http://static.cninfo.com.cn/finalpage/2021-09-24/1211136005.PDF.

一步发展带来了压力。

（9）预期发展产出

N型电池的投资可以不断提高电池的转换效率，提高组件的发电能力，进而增加全生命周期的总发电量，实现最低度电成本，帮助更多的人以更低廉的价格使用太阳能这一清洁能源，进一步促进其发展；N型电池的推广可以提升太阳能转换效率，降低光伏发电成本，使贫困人口更容易获得太阳能。

（10）涉及的SDGs

直接影响的SDG为“SDG 7. 经济适用的清洁能源—7.2.1 可再生能源在最终能源消费总量中的份额”，间接影响的SDG为“SDG 13. 气候行动”。

（11）利益相关方

对个人的直接影响——居民能够享受更低成本的太阳能电力；对个人的间接影响——光伏行业的发展提供了更多的就业机会。

对地球的间接影响——促进光伏发电的发展，对传统化石能源进行替代，减少碳排放，帮助应对气候变化。

（12）产出和影响力风险

太阳能能量密度低，因此光伏发电系统占地面积较大，有可能会对农业用地及其他经济活动产生“挤出效应”[①]；新能源消纳问题尚未永久解决，一定情况下弃风弃光极容易发生反复，存在较大的潜在

① 中国能源网，2019，太阳能光伏发电有哪些优缺点？，https://solar.in-en.com/html/solar-2326665.shtml.

风险[①]；目前N型电池不管是TOPCon 还是HJT都取得了高于PERC的效率，而成本因素是制约N型能否快速增长的关键。

（13）IMP分类

B－利益相关方福利改善

什么（What）：结果很可能是积极的、重要的、长期的和大规模的，因为投资可以帮助降低光伏发电度电成本，促进可再生能源对传统能源的替代，降低二氧化碳排放量，减缓气候变化。

谁（Who）：居民可以享受到更低廉的电力。

风险（Risk）：N型电池成本有待进一步降低；新能源消纳压力大，存在弃风弃光风险。

D）政策支持环境

（14）政策环境

《"十四五"规划和2035年远景目标纲要》中提出，推进能源革命，建设清洁低碳、安全高效的能源体系，提高能源供给保障能力；加快发展非化石能源，坚持集中式和分布式并举，大力提升风电、光伏发电规模，加快发展东中部分布式能源，建设一批多能互补的清洁能源基地，非化石能源占能源消费总量比重提高到20%左右。《智能光伏产业创新发展行动计划（2021—2025年）》提出，到2025年，光伏行业智能化水平显著提升，产业技术创新取得突破，智能光伏产业生态体系建设基本完成，与新一代信息技术融合水平逐步深化；智能光伏产品供应能力增强，智能光伏特色应用领域大幅拓展，适应电网性能不断增强；在绿色工业、绿色建筑、绿色交通、绿色农业、乡村

① 刘世宇，陈俊杰，2021，"十四五"新能源消纳形势分析与建议，https://guangfu.bjx.com.cn/news/20210918/1177646.shtml.

振兴及其他新型领域应用规模逐步扩大，有效满足多场景大规模应用需求[①]。《加快建立健全绿色低碳循环发展经济体系的指导意见》提出，提升可再生能源利用比例，大力推动风电、光伏发电发展，因地制宜发展水能、地热能、海洋能、氢能、生物质能、光热发电。

（15）监管环境

《中华人民共和国可再生能源法》的制定目的是促进可再生能源的开发利用，增加能源供应，改善能源结构，保障能源安全，保护环境，实现经济社会的可持续发展[②]。《光伏制造行业规范条件（2021年本）》和《光伏制造行业规范公告管理暂行办法（2021年本）》中要求，现有光伏制造企业及项目产品应满足：多晶硅电池和单晶硅电池（双面电池按正面效率计算）的平均光电转换效率分别不低于19%和22.5%。新建和改扩建企业及项目产品应满足：多晶硅电池和单晶硅电池（双面电池按正面效率计算）的平均光电转换效率分别不低于20.5%和23%[③]。我国太阳能光伏行业监管体制中，除行政主管部门外，光伏行业内部实行自律式管理机制。我国光伏行业的行业自律管理机构有中国光伏行业协会和中国可再生能源学会。

（16）金融环境

金融激励——2021年2月，国家发展改革委、财政部、人民银行、银保监会、国家能源局联合发布《关于引导加大金融支持力度

① 工业和信息化部，2021，《智能光伏产业创新发展行动计划（2021—2025）》，http://www.gov.cn/zhengce/zhengceku/2022-01/05/content_5666484.htm.

② 全国人大，2013，《中华人民共和国可再生能源法（修正本）》，http://www.npc.gov.cn/zgrdw/npc/zt/qt/2015zhhbsjx/2013-12/04/content_1935957.htm.

③ 工业和信息化部，2013，《光伏制造行业规范条件》，https://www.miit.gov.cn/xwdt/gxdt/ldhd/art/2020/art_051f4d608dd44286a9fc53a84320f103.html.

促进风电和光伏发电等行业健康有序发展的通知》，提出若干金融举措支持风电、光伏、生物质等可再生能源行业发展[①]。

财政激励——2021年，国家发展改革委发布了《西部地区鼓励类产业目录（2020年本）》，其中包含了新型光伏材料等电子材料的研制和生产。对设在西部地区的鼓励类产业企业减按15%的税率征收企业所得税[②]。

其他激励——2021年，国家发展改革委发布了《绿色技术推广目录（2020）》，并要求地方政府加大绿色技术推广应用力度，其中包含多项光伏技术[③]。

（17）合作环境

私营部门：广东爱旭科技有限公司（“爱旭股份”）、通威股份有限公司、隆基绿能科技股份有限公司（“隆基股份”）等企业。易方达基金管理有限公司、睿远基金管理有限公司、朱雀基金管理有限公司、大成基金管理有限公司等公募基金公司，高瓴资本管理有限公司、上海迎水投资管理有限公司等私募机构[④]。

政府：山东、江苏、甘肃等31个省市对光伏行业发展均有相关

① 国家发展改革委，2021，《关于引导加大金融支持力度 促进风电和光伏发电等行业健康有序发展的通知》，https://www.ndrc.gov.cn/xxgk/zcfb/tz/202103/t20210312_1269410.html?code=&state=123.

② 国家发展改革委，2021，《西部地区鼓励类产业目录（2020年本）》，http://www.gov.cn/gongbao/content/2021/content_5598119.htm.

③ 国家发展改革委，2020，关于印发《绿色技术推广目录（2020年）》的通知，http://www.gov.cn/zhengce/zhengceku/2021-01/08/content_5578253.htm.

④ 国际金融报，2020，光伏概念大爆发！众多机构投资者抱团龙头企业，https://www.ifnews.com/news.html?aid=120205.

政策扶持[①]。

非营利组织：中国光伏行业协会CPIA。

（18）目标区域

陕西、山东、甘肃、宁夏、贵州。

2. 分布式光伏电站

分布式光伏是指利用分散式资源，装机规模较小的、布置在用户附近的发电系统，能够将太阳能转变为电能并向电网输送电力，具有输出功率相对较小、污染小、环保效益突出、可以发电用电并存等特点，能够在一定程度上缓解局地的用电紧张状况。推进分布式光伏建设，有利于整合资源实现集约开发、削减电力尖峰负荷、节约优化配电网投资、引导居民绿色能源消费，是实现“双碳”目标的重要措施。相较于城市，县城土地、屋顶面积较大，用能成本较低，发展分布式能源潜力大、优势明显。预计2022—2025年，装机规模累计新增176GW[②]。

A）潜在机遇

（1）商业模式

利用分散式资源，装机规模较小的、布置在用户附近的发电系统，将太阳能转变为电能，主要收益模式为“自发自用+余电上网”。收入为上网电价，成本包括设备、运维、折旧等费用。

① 前瞻产业研究院，2021，2021年中国及31省市光伏发电行业政策汇总及解读，https://www.qianzhan.com/analyst/detail/220/211026-94e921f2.html.

② 华泰证券，2022，分布式光伏：下一个蓝海市场，http://finance.sina.com.cn/stock/stockzmt/2022-02-16/doc-ikyamrna0999864.shtml.

（2）案例研究

浙江芯能光伏科技股份有限公司（“芯能科技”）截至2022年上半年并网的自持电站总装机容量约605MW，该部分电站未来实现全年发电，年发电收入将提高至约40 500万元（不含税），毛利提高至约24 000万元（不含税），毛利率可达60%左右，持续15~20年[①]。

B）商业案例

（3）市场规模和环境

2016年至2021年，国内分布式光伏新增装机规模从4.24GW增加至29GW，累计装机规模从10.32GW增加至107GW，过去五年复合年均增长率达到60%。

（4）投资回报概况

根据对工商业、公共建筑和户用三种情景下BAPV（屋顶光伏）/BIPV（光伏建筑一体化）项目的内部回报率及敏感性的分析，国内87%/63%省市内部收益率不低于6%。

（5）投资时间

分布式光伏发电项目回收期约为5年至10年项目，含建设期约2年[②]。

① 芯能科技，2021，2021年第三季度报告，http://www.cninfo.com.cn/new/disclosure/detail?plate=sse&orgId=gfbj0833677&stockCode=603105&announcementId=1211371898&announcementTime=2021-10-26. 芯能科技，2021，2020年年度报告，http://www.cninfo.com.cn/new/disclosure/detail?plate=sse&orgId=gfbj0833677&stockCode=603105&announcementId=1209729457&announcementTime=2021-04-20. 芯能科技，2021，2021年半年度报告，http://www.cninfo.com.cn/new/disclosure/detail?plate=sse&orgId=gfbj0833677&stockCode=603105&announcementId=1210826687&announcementTime=2021-08-24.

② 芯能科技，2018，首次公开发行股票招股说明书，http://www.cninfo.com.cn/new/disclosure/detail?plate=sse&orgId=gfbj0833677&stockCode=603105&announcementId=1205093117&announcementTime=2018-06-26.

（6）交易规模

2020年，根据部分上市公司数据测算，分布式光伏GW项目总投资约为30亿元至70亿元①。

（7）市场风险和规模化障碍

资本方面较依赖补贴支持。国家发展改革委出台2021年新能源上网电价政策，明确2021年起对新备案的集中式光伏电站、工商业分布式光伏项目，中央财政不再补贴②。

C）影响案例

（8）可持续发展需求

土地使用与消纳问题是制约光伏发电发展的两个重要瓶颈。如何确保经济社会在向低碳转型的过程中不让任何一个人掉队，使人人共享绿色发展机遇，而不仅仅是少数高精尖技术人才受益，是一项重要的发展挑战。

（9）预期发展产出

分布式光伏作为一种可就近开发、就地消纳的发电方式，产生的绿电可自发自用，余下的可并网，也可进入交易市场获取相应绿电收益，同时解决了绿电消纳的问题。传统的集中式光伏需要占用较多的土地面积，尤其是我国经济较发达地区多位于沿海地区，这些区域普

---

① 晶科科技，2021，可转债说明书，http://www.cninfo.com.cn/new/disclosure/detail?plate=sse&orgId=9900038390&stockCode=601778&announcementId=1209740579&announcementTime=2021-04-21. 晶科科技，2021，关于公司及全资子公司签署合作框架协议的公告，http://www.cninfo.com.cn/new/disclosure/detail?plate=sse&orgId=9900038390&stockCode=601778&announcementId=1211586593&announcementTime=2021-11-16.

② 国家发展改革委，2021，国家发展改革委关于2021年新能源上网电价政策有关事项的通知，http://www.gov.cn/zhengce/zhengceku/2021-06/11/content_5617297.htm.

遍土地面积紧张且地价较贵，也是用电量较高的地区。分布式光伏主要利用闲置屋顶资源建设光伏电站，不会加剧土地面积的紧张情况；在农村建立分布式光伏可以带动农村地区的就业，促进绿色增长机遇的公平共享。以主要解决无劳动能力的建档立卡贫困户为目标，因地制宜、分期分批推动多种形式的光伏扶贫工程建设可覆盖已建档立卡280万无劳动能力贫困户，平均每户每年增加3 000元的现金收入。

（10）涉及的SDGs

直接影响的SDG为“SDG 7. 经济适用的清洁能源—7.2.1 可再生能源在最终能源消费总量中的份额”，间接影响的SDG为“SDG 13. 气候行动”。

（11）利益相关方

对个人的直接影响——用户可以利用余电上网，收取并网电费；对个人的间接影响——有助于居民以低成本使用清洁能源。

对性别不平等和/或边缘化的直接影响——让更多女性劳动者参与能源领域经济活动；对性别不平等和/或边缘化的间接影响——减缓气候变化，降低妇女儿童在气候灾害中受到生命健康危害的风险。

对地球的直接影响——替代化石能源，减少温室气体排放，减缓气候变化；对地球的间接影响——减少化石能源发电带来的环境污染、资源浪费和生物多样性问题。

对企业的直接影响——分布式光伏项目的投产，带动了上游相关设备的生产企业发展，同时也缓解了用电荒；对企业的间接影响——在解决行业发展瓶颈技术问题中，提高企业的科创能力和竞争力。

对公共部门的直接影响——提高政府财政在可再生能源领域的财政收入；对公共部门的间接影响——提高政府在绿色产业发展中的政

策指引和行政管理能力。

（12）产出和影响力风险

分布式光伏发电项目的年发电量会受到自然环境与技术、设备等多方面的影响，主要影响因素包括年太阳辐射量、不同种类光伏组件的转换效率、组件倾斜角度、部件的组合损失等，这些因素将影响项目收益情况①；分布式光伏发电系统的质量问题有可能会威胁到与之结合的建筑物以及周边人员的安全，绝缘破损或接地故障有可能导致系统产生电弧放电，若逆变器保护故障可能会引起建筑火灾；在农村推进光伏的过程中，农村的可再生能源利用率会大幅度提升，但会遇到建设成本的归属问题。如果建设成本完全由用户承担，有可能影响农村居民的经济收入水平。

（13）IMP分类

C－贡献问题解决方案

什么（What）：结果很可能是积极的、影响深远的和大规模的。可以把闲置的资源再度利用，优化资源配置，降低企碳排放，缓解用电负荷。

谁（Who）：居民使用“自发自用、余电上网”模式改善用电结构，能够享受廉价绿电。

风险（Risk）：分布式光伏发电系统多与建筑相结合，倘若其存在质量问题，不仅会损坏发电系统内部设备，甚至会威胁到建筑物以

① 陈新辉，彭筱喆，2019，我国分布式光伏发电投资风险分析，https://kns.cnki.net/kcms/detail/detail.aspx?dbcode=CJFD&dbname=CJFDLAST2019&filename=TYNZ201910001&uniplatform=NZKPT&v=A-DWY8lxtSMV5SzaJgTvv7I-qKGtcwzWMBeu_GJur4yX3z8qdDKjbxXc12_ZWQym.

及周边人员的安全[①]。

D）政策支持环境

（14）政策环境

《“十四五”规划和2035年远景目标纲要》对光伏产业的发展提供了指导意见。国家能源局发布的《分布式光伏发电项目管理暂行办法》，要求推进分布式光伏发电应用，规范分布式光伏发电项目管理。国家能源局发布的《中华人民共和国能源法（征求意见稿）》，提出调整和优化能源产业结构和消费结构，优先发展可再生能源，安全高效发展核电，提高非化石能源比重。

（15）监管环境

2021年6月，国家能源局发布《关于报送整县（市、区）屋顶分布式光伏开发试点方案的通知》，提出在具有比较丰富屋顶资源的县（市、区）规模化开发屋顶分布式光伏，并提出党政机关建筑屋顶总面积可安装光伏发电比例不低于50%，学校、医院、村委会等公共建筑屋顶总面积可安装光伏发电比例不低于40%，工商业厂房屋顶总面积可安装光伏发电比例不低于30%，农村居民屋顶总面积可安装光伏发电比例不低于20%[②]。2021年3月，工信部发布《光伏制造行业规范条件（2021年本）》，在生产布局与项目设立、资源综合利用及能

① 马春兰，2020，试论分布式光伏项目规模化发展问题及对策，https://kns.cnki.net/kcms/detail/detail.aspx?dbcode=CJFD&dbname=CJFDLAST2020&filename=HNSL202004040&uniplatform=NZKPT&v=RlSuUeaBNRXsnR4fWNTScfNu3AW143Ci7KV5GB7o7WNrOX9LMNkXcM_ed5ZkD79x.

② 国家能源局，2021，关于报送整县屋顶分布式光伏开发试点方案的通知，http://www.chic.org.cn/home/index/detail?id=1100. 国家能源局，2021，关于公布整县（市、区）屋顶分布式光伏开发试点名单的通知，http://zfxxgk.nea.gov.cn/2021-09/08/c_1310186582.htm.

耗、智能制造和绿色制造、环境保护、质量管理、安全生产和社会责任等方面对光伏制造企业提出了明确要求，其中规定多晶硅组件和单晶硅组件（双面组件按正面效率计算）的平均光电转换效率分别不低于17%和19.6%[①]。2021年7月，国家发展改革委下发《关于印发“十四五”循环经济发展规划的通知》，提出制订各地区循环化发展园区清单，按照“一园一策”原则逐个制订循环化改造方案，组织园区企业实施清洁生产改造，积极利用余热余压资源，推行热电联产、分布式能源及光伏储能一体化系统应用，推动能源梯级利用。具备条件的省级以上园区2025年底前全部实施循环化改造。

（16）金融环境

金融激励——国家开发银行制订的《支持能源领域实现“碳达峰、碳中和”战略目标工作方案》提出，“十四五”期间设立总规模为5 000亿元（等值人民币，含外汇）的能源领域“碳达峰、碳中和”专项贷款，其中2021年安排发放1 000亿元，助力构建清洁低碳安全高效的能源体系。

财政激励——2021年2月，国家发展改革委发布《关于引导加大金融支持力度　促进风电和光伏发电等行业健康有序发展的通知》，重点针对部分可再生能源企业受补贴资金滞后影响出现的资金紧张问题，通过统筹能源、财政、金融等相关领域政策支持，为企业纾困、保持发展后劲。

其他激励——人民银行创设推出碳减排支持工具这一结构性货币政策工具，以稳步有序、精准直达方式，支持清洁能源、节能环保、

① 工业和信息化部，2021，光伏制造行业规范条件（2021年本），https://www.miit.gov.cn/jgsj/dzs/wjfb/art/2021/art_f4ad5ce6359a457395cfe931c69bd777.html.

碳减排技术等重点领域的发展，并撬动更多社会资金促进碳减排。

（17）合作环境

私营部门：正泰电气股份有限公司，芯能科技，国家能源投资集团有限责任公司，中国华电集团有限公司，国家电力投资集团公司。

政府：陕西、江西等省相继发布屋顶分布式光伏开发试点通知①。

多边机构：自2010年，世界银行已支持20亿美元离网光伏项目，造福420万人②。

（18）目标区域

陕西、山东、甘肃、宁夏、贵州。

3. 光伏建筑一体化（BIPV）

BIPV将光伏板视为一种建筑构材，与建筑物同时设计、施工、安装，令建材自身具备光伏发电功能，从而既能达到建筑物遮风挡雨、保温隔热等传统效果，又能发挥光伏发电的作用。BIPV系统的材料造价和使用寿命也具备极高的经济性，能减少建筑物的整体造价、节省安装成本，持续产生可观的经济效益。随着光伏发电成本进一步下降，BIPV将在“双碳”目标下持续承担提供清洁能源的

① 陕西省发展和改革委员会，2021，关于开展分布式光伏整县推进试点工作的通知，http://sndrc.shaanxi.gov.cn/fgwj/2021nwj/euIJBj.htm. 江西省发展和改革委员会，2021，关于开展户用光伏整体推进试点工作的通知，https://guangfu.bjx.com.cn/news/20210615/1158077.shtml.

② 非洲开发银行等，2022，多边开发银行可持续发展融资联合报告，https://www.isdb.org/sites/default/files/media/documents/2022-02/MDBs%20Report%20on%20SDGs_vf.pdf.

战略核心角色。2021—2035年，我国建筑光伏改造及安装规模将达1 717GW，总市场空间为4.3万亿元，BIPV改造及安装规模457GW，总市场空间约为1.3万亿元①。

A）潜在机遇

（1）商业模式

目前国内BIPV项目的建设主要有两种模式。其一是建筑业主自发投资建设BIPV，安装完成后BIPV设备所发电量自用或上网出售；其二是由发电企业作为第三方光伏项目投资商购买BIPV设备并负责后续的安装及运维，建筑业主只需提供建筑屋顶或立面作为光伏安装场所，投资商将后续发电量按工商业电价打折出售给建筑业主或按脱硫煤电价出售给电网。

（2）案例研究

中信博新能源科技股份有限公司的主营业务有BIPV系统的研发、设计、生产和销售。其主要盈利模式为根据客户需求，进行产品研发和定制化设计，基于相关成本并结合市场竞争情况进行报价，签订销售合同，交付相关产品（部分合同需安装），实现盈利②。

江苏秀强玻璃工艺股份有限公司（“秀强股份”）的主营业务为BIPV中以印刷、镀膜技术为基础的玻璃深加工产品的研发、生产和销售业务。其主要盈利模式为通过对普通玻璃的进一步加工，增加产品的价值，为下游客户提供其所需要的原材料产品，从而获得相

① 叶伟，2021，政策与市场怎样驱动光伏建筑一体化站上风口，http://paper.chinahightech.com/pc/content/202111/08/content_44766.html.

② 中信博，2020，招股说明书，https://pdf.dfcfw.com/pdf/H2_AN202008231400780691_1.pdf.

应的利润[①]。

B）商业案例

（3）市场规模和环境

2020年中国BIPV的市场规模约为50亿元，预计到2025年中国BIPV的市场空间将接近500亿元，对应2020年至2025年的复合年均增长率将达到58%左右[②]。

（4）投资回报概况

2020年，根据部分上市公司数据测算，BIPV项目的内部收益率在10%至15%之间[③④]。

（5）投资时间

BIPV建筑光伏一体化解决方案的预计项目投资回收年限为5年至10年。

（6）交易规模

2020年，根据部分上市公司数据测算，BIPV组件生产线项目的投资额约为2亿元至5亿元。

（7）市场风险和规模化障碍

目前限制BIPV发展有以下几个因素：一是BIPV相关产业标准、

① 秀强股份，2021，2021年度向特定对象发行A股股票募集说明书（申报稿），https://pdf.dfcfw.com/pdf/H2_AN202207291576682155_1.pdf?1659111449000.pdf.

② 秀强股份，2021，2021年度向特定对象发行A股股票预案(三次修订稿)，https://pdf.dfcfw.com/pdf/H2_AN202204211560688787_1.pdf?1650570201000.pdf.

③ 中国经济网，2021，隆基股份溢价三成收购森特股份27%股权，成第二大股东加码BIPV产品布局，https://baijiahao.baidu.com/s?id=1693624253463231391&wfr=spider&for=pc.

④ 索比光伏网，2020，东方日升：江苏金坛基地BIPV项目已并网运行，收益率达到14.8%，https://news.solarbe.com/202008/13/329099.html.

产品标准、验收标准仍相对缺乏；二是BIPV横跨建筑、光伏两个行业，但是目前光伏与建筑等行业融合度有待加强，行业政策对其也有影响；三是BIPV起步晚，核心技术匮乏，维护成本高①。

C）影响案例

（8）可持续发展需求

2018年建筑行业全生命周期碳排放占全国碳排放总量的51%，建筑节能是我国实现“双碳”目标的重要途径，大力发展BIPV是有效降低建筑能耗、落实减碳行动最有效的方式之一②。凭借相对庞大的收入基础，大城市拥有监管框架和基础设施，可以扩大可再生能源规模并实现减排目标。中小型城市往往无法获得足够的资金和政策支持，无法有效地朝着这个方向前进③。

（9）预期发展产出

BIPV作为光伏与建筑融合的创新手段，能够有效促进建筑业的节能减排，同时也无须额外占用土地。BIPV的推广可以增强光伏发电电力的可得性，使中小城市也有机会发展可再生能源。

（10）涉及的SDGs

直接影响的SDG为“SDG 7. 经济适用的清洁能源—7.2.1 可再生能源在最终能源消费总量中的份额”，间接影响的SDG为“SDG 11. 可持续城市和社区”。

---

① 索比光伏网，2020，破局BIPV“内冷外热”千亿蓝海有挑战更有未来，https://news.solarbe.com/202009/01/329902.html.

② 中国能源网，2021，双碳目标下，BIPV迎来历史性发展机遇，https://www.china5e.com/news/news-1127676-1.html.

③ IRENA，2021，Renewable Energy Policies for Cities，https://www.irena.org/publications/2021/May/Renewable-Energy-Policies-for-Cities.

（11）利益相关方

对个人的直接影响——太阳能电力可得性更强，更多的人能够享受可再生能源；对个人的间接影响——光伏行业的发展提供了更多的就业机会。

对地球的直接影响——促进可再生能源对传统化石能源进行替代，减少碳排放，帮助应对气候变化。

（12）产出和影响力风险

BIPV产品成本高和标准体系不健全，是制约其推广应用的重要瓶颈；目前还需要进一步健全标准体系以防出现火灾等安全问题。

（13）IMP分类

B－利益相关方福利改善

通过提高效率、降低成本、增加可及率，更多的人能够获得可负担的清洁能源。除发达城市外，其他地区的居民也有望获得太阳能电力。光伏建筑一体化可实现光伏与建筑融合创新发展，建设高品质绿色建筑，提高电力的可得性，降低建筑碳排放，提高城市的可持续性。

什么（What）：结果很可能是积极的、重要的、长期的和大规模的，因为投资可以帮助提高电力的可得性。

谁（Who）：居民生活福祉增加，电力更易获得，建筑碳排放降低，城市可持续性提高。

风险（Risk）：产品成本高、标准体系不健全；新能源消纳压力大，存在弃光风险。

D）政策支持环境

（14）政策环境

《2030年前碳达峰行动方案》提出应推广光伏发电与建筑一体

化应用，到2025年，城镇建筑可再生能源替代率达到8%，新建公共机构建筑、新建厂房屋顶光伏覆盖率力争达到50%，进一步明确了BAPV/BIPV发展在“双碳”行动中的积极作用。2022年，国家发展改革委、国家能源局发布《关于完善能源绿色低碳转型体制机制和政策措施的意见》，其中重点提出要完善建筑可再生能源应用标准，鼓励光伏建筑一体化应用①。2022年，住建部发布《“十四五”建筑节能与绿色建筑发展规划》，提出具体发展目标，到2025年，全国新增建筑太阳能光伏装机容量0.5亿千瓦（50GW）以上②。

（15）监管环境

2019年1月，住建部发布国家标准《近零能耗建筑技术标准》（GB/T 51350—2019），规定国内近零能耗建筑在设计和使用时，其可再生能源利用率应不低于10%，这将进一步推动BIPV的发展③。自2009年起，我国开展了一系列BIPV相关标准的制定工作。近几年，我国加快了针对BIPV的国家标准体系的建设，分别于2018年发布了GB/T 36963—2018《光伏建筑一体化系统防雷技术规范》，2019年发布了GB/T 38388—2019《建筑光伏幕墙采光顶检测方法》和GB/T 37655—

① 国家发展改革委，国家能源局，2022，《国家发展改革委、国家能源局关于完善能源绿色低碳转型体制机制和政策措施的意见》，https://www.ndrc.gov.cn/xxgk/zcfb/tz/202202/t20220210_1314511_ext.html.

② 住房和城乡建设部，2022，关于印发“十四五”建筑节能与绿色建筑发展规划的通知，http://www.gov.cn/zhengce/zhengceku/2022-03/12/content_5678698.htm.

③ 住房和城乡建设部，2019，关于发布国家标准《近零能耗建筑技术标准》的公告，https://www.mohurd.gov.cn/gongkai/zhengce/zhengcefilelib/201905/20190530_240712.html.

2019《光伏与建筑一体化发电系统验收规范》①。2022年4月，住建部国家标准《建筑节能与可再生能源利用通用规范》正式实施，其要求新建筑应安装太阳能系统，并对其安全性、功能性进行了详细规范②。

（16）金融环境

金融激励——2021年2月，国家发展改革委、财政部、人民银行、银保监会、国家能源局联合发布《关于引导加大金融支持力度促进风电和光伏发电等行业健康有序发展的通知》，提出若干金融举措，支持风电、光伏、生物质等可再生能源行业发展。

财政激励——2020年11月，北京市发布《关于进一步支持光伏发电系统推广应用的通知》，提出全部实现光伏建筑一体化应用的项目度电含税补贴0.4元，时间持续5年。2021年3月，南京出台BIPV补助政策，将既有建筑改造也纳入补贴范围之内③。

（17）合作环境

私营部门：中国石油化工股份有限公司、江苏中信博新能源科技股份有限公司、隆基股份、森特士兴集团股份有限公司、秀强股份、北京双杰电气股份有限公司、方大集团股份有限公司、福莱特玻璃集团股份有限公司、杭萧钢构股份有限公司等。

政府：目前吉林、广东、江苏、西安、北京等14个省市明确发布

① 前瞻经济学人，2022，2022年中国BIPV行业全景图谱，https://www.qianzhan.com/analyst/detail/220/220418-810cfd55.html.

② 住房和城乡建设部，2021，关于发布国家标准《建筑节能与可再生能源利用通用规范》的公告，https://www.mohurd.gov.cn/gongkai/fdzdgknr/zfhcxjsbwj/202110/20211013_762460.html.

③ 北京市发展和改革委员会，2020，《关于进一步支持光伏发电系统推广应用的通知》，http://www.beijing.gov.cn/zhengce/zhengcefagui/202011/t20201119_2140267.html.

了BIPV相关补贴政策，补贴力度从0.3~0.4元/度，补助限额在100万~300万元区间[①]。

非营利组织：中国光伏行业协会CPIA。

（18）目标区域

陕西、山东、甘肃、宁夏、贵州。

六、风能技术与项目开发行业

中国拥有广阔的陆地和海岸，是世界上陆上风电和海上风电发展的领先者，装机总量为342千瓦，占全球装机总量超过1/4，并且自2015年以来增加了一倍多。因此，中国具有发展风力发电的良好前景[②]。“十四五”规划指出，要在风能资源禀赋较好、建设条件优越、具备持续整装开发条件、符合区域生态环境保护等要求的地区，有序推进风电集中式开发。一方面，发电效率高、耐用性强等优势使海上风电拥有巨大的发展潜力；另一方面，为进一步推动风电项目规模化建设，风电轴承制造、叶片碳纤维材料、大型风机制造等制造业领域都有望迎来更大需求。

发展需求：风能是地球表面大量空气流动所产生的动能。据估算，全世界风能总量约1 300亿千瓦，其中可利用的风能为200亿

① 搜狐新闻，2021，14省市发布光伏建筑一体化（BIPV）政策，https://www.sohu.com/a/505980030_121123904.

② 世界经济论坛，2022，These are the countries bidding to become wind power superpowers，https://www.weforum.org/agenda/2022/03/offshore-onshore-wind-power-auction-capacity/.

千瓦，比地球上可开发利用的水能总量还要大10倍，高达每年53万亿千瓦时[①]。

政策优先事项：国务院印发的《关于加快建立健全绿色低碳循环发展经济体系的指导意见》要求，推动能源体系绿色低碳转型，坚持节能优先，完善能源消费总量和强度双控制度，提升可再生能源利用比例，大力推动风电、光伏发电发展。

性别不平等及边缘化：我国的风力资源极为丰富，绝大多数地区的平均风速都在3米每秒以上，特别是东北、西北、西南高原和沿海岛屿，平均风速更高。一些区域大风天时间占比达到三分之一以上，其资源禀赋适合发展风力发电[②]。

投资机会：风电领域的IOA主要集中于风机零部件制造、风机制造及风电场的运营。

关键瓶颈：风能的开发和利用面临两个重大挑战：一是风能具有间歇性、波动性、随机性的特点，因而风电的大规模接入给电力系统的调频调峰带来了严峻挑战；二是东北、华北、西北等地区风电消纳能力不足，迫切需要加强跨区电网建设，扩大风电消纳范围，将“三北”地区风电输送至中东部负荷中心[③]。

---

① 前瞻产业研究院，2023，《中国风电行业市场前瞻与投资战略规划分析报告》，https://bg.qianzhan.com/report/detail/f7fa9c50850a4f16.html?v=footer2.

② 全球新能源网，风力发电机多大风发电，怎么计算风速，http://www.xny365.com/zhuanjia/article-53293.html.

③ 朱凌志，陈宁，韩华玲，2011，风电消纳关键问题及应对措施分析，https://xueshu.baidu.com/usercenter/paper/show?paperid=0692795028f16bef8dda03e724aba84b&site=xueshu_se.

1. 海上风电

海上风电是未来清洁能源新方向。由于陆地上经济可开发的风资源越来越少，全球风电场建设已呈现从陆地向近海发展的趋势。与陆上风电相比，海上风能资源的能量效益比陆上风电场高20%至40%①，还具有不占地、风速高、沙尘少、电量大、运行稳定以及粉尘零排放等优势，同时能够减少机组的磨损，延长风力发电机组的使用寿命，适合大规模开发。更因海上风能资源最丰富的东南沿海地区、毗邻用电需求大的经济发达地区可以实现就近消化、降低输送成本，所以发展潜力巨大。2024年前市场按照18.6%的平均增速发展，2025年后市场的平均增速在8.2%。2025年新增海上风电装机将超过20GW，2030年新增装机有望达到30GW②。

A）潜在机遇

（1）商业模式

海上风电场是利用海上风力资源发电的新型发电厂，收入为上网电价，成本包括设备、运维、折旧等费用。

（2）案例研究

中国三峡新能源（集团）股份有限公司（“三峡能源”）主营业务为风能、太阳能的开发。到2020年底，公司预计投产和在建海上风电装机达到427万千瓦。2020年风力发电业务毛利率为60.15%，较2019年上涨2.26个百分比，主要原因是公司海上风电项目于2019年及

---

① 湖南省生态环境厅，2015，什么是海上风电，http://sthjt.hunan.gov.cn/sthjt/ztzl/lwhjr/hbzs/201506/t20150603_4632725.html.

② 北极星风力发电网，2020，2030年欧洲海上风电市场展望！，https://news.bjx.com.cn/html/20200918/1105281.shtml.

2020年初陆续投产[①]。

B）商业案例

（3）市场规模和环境

截至2021年底，中国海上风电累计装机量为26.39GW，预计2022—2025年国内海上风电将新增装机约73.6GW，对应2021—2025年的复合年均增长率将达到40%左右[②]。

（4）投资回报概况

2020年，根据部分上市公司毛利率数据测算，风力发电板块平均毛利率约为59.8%[③]。

（5）投资时间

以500MW海上风电场为例，1个风电场总投资90亿~100亿元，投

① 三峡能源，2021，招股说明书，http://www.cninfo.com.cn/new/disclosure/detail?plate=sse&orgId=9900016549&stockCode=600905&announcementId=1209936204&announcementTime=2021-05-07.

② 中国证券报，2022，“十四五”装机量有望超预期 海上风电产业景气度高企，http://www.zqrb.cn/finance/hangyedongtai/2022-11-16/A1668550698416.html.

③ 中闽能源，2021，2020年年度报告，http://www.cninfo.com.cn/new/disclosure/detail?plate=sse&orgId=gssh0600163&stockCode=600163&announcementId=1209841202&announcementTime=2021-04-28. 福能股份，2021，关于莆田平海湾F区和莆田石城海上风电项目并网发电的公告，http://www.cninfo.com.cn/new/disclosure/detail?plate=sse&orgId=gssh0600483&stockCode=600483&announcementId=1210483496&announcementTime=2021-07-15. 节能风电，2021，2020年年度报告，http://www.cninfo.com.cn/new/disclosure/detail?plate=sse&orgId=9900029306&stockCode=601016&announcementId=1209358601&announcementTime=2021-03-10. 江苏新能，2021，2020年年度报告，http://www.cninfo.com.cn/new/disclosure/detail?plate=sse&orgId=gfbj0833368&stockCode=603693&announcementId=1209810338&announcementTime=2021-04-27.

资回收期一般超过10年[①]。海上风电仍处于发展时期，且开发海上风场投资金额较大、投资回收期限长。此外，项目从建造到后期维护需要如海洋、环保、军事等多部门的批准，审批流程长。

（6）交易规模

根据部分上市公司数据测算，海上风电场项目投资金额30亿~100亿元[②]。

（7）市场风险和规模化障碍

目前市场监管十分严格。海上风电项目审批受制于海洋、气象、交通、环保等多个行政部门的复杂协调流程，除上述行政许可事项外，还需取得海洋开发规划以及海洋局方面的批复，部分项目还须经其他部门的相关批复或备案；此外，从目前的发展趋势来看，海上风电施工船的数量将远不能满足行业的需求[③]；海上风电补贴的下降更使得海风项目开发对成本控制有较高要求。

C）影响案例

（8）可持续发展需求

为实现碳达峰碳中和，电力部门面临巨大转型压力，风电在电力转型中发挥着重大作用。中国当前的风电市场结构中，陆上风电占主体地位，然而，由于消纳、远距离运输等问题，陆上风电面临着电力损耗等制约因素。

---

① 国际风力发电网，2021，海上风电是时代的弄潮儿，https://wind.in-en.com/html/wind-2409182.shtml.

② 宁波日报，2021，宁波首个海上风电项目建成投产，https://www.ningbo.gov.cn/art/2021/12/24/art_1229196404_59042026.html.

③ 国际风力发电网，2021，最新报告：海上风电瓶颈在这里！，https://wind.in-en.com/html/wind-2399283.shtml.

（9）预期发展产出

海上风电较好地解决了陆上风电发展面临的问题——海上风电不占用宝贵的土地资源，不扰民。沿海地区电力需求量大，海上风电不需要远距离的电力传输，易消纳。最重要的是，海上风电的机型较陆上风电的机型更大，同一地区的扫风面积更大、利用的风能更多。因此，推广建设海上风电有利于我国发展新能源领域，有助于可持续发展的实现；此外，妇女在全球可再生能源劳动力中所占比重（32%）高于妇女在传统能源部门劳动力中所占比重（22%），大力发展可再生能源可以提升能源领域女性劳动者参与经济活动的机会。

（10）涉及的SDGs

直接影响的SDG为“SDG 7. 经济适用的清洁能源—7.2.1 可再生能源在最终能源消费总量中的份额”，间接影响的SDG为“SDG 13. 气候行动”。

（11）利益相关方

对个人的直接影响——让广大人民群众使用上清洁可负担的能源；对个人的间接影响——海上风电有利于减少传统火电温室气体排放，改善生活环境，提高人民生活质量。

对性别不平等和/或边缘化的直接影响——让更多女性劳动者参与能源领域经济活动；对性别不平等和/或边缘化的间接影响——减缓气候变化，降低妇女儿童在气候灾害中受到生命健康危害的风险。

对地球的直接影响——解决风电发展壁垒，促进风电行业发展，对化石能源进行替代，减少碳排放，帮助应对气候变化；对地球的间接影响——减少化石能源发电带来的环境污染问题。

（12）产出和影响力风险

由于海上风电远离陆地，运维难度较高，因此维护成本较高，在成本控制和投资回报方面存在一定风险。

（13）IMP分类

C－贡献问题解决方案

企业通过兴建海上风力发电设备，能够有效提高清洁能源的使用率，降低温室气体排放量，为可持续发展作出贡献；海上风电在减少陆地的使用面积的同时，能够保障沿海地区的电力需求，改善新能源常见的消纳问题，提高周边的居民福祉。

什么（What）：海上风力发电设备的建造，对保障能源安全、降低碳排放量、推进绿色发展具有重要意义。

谁（Who）：能为国内居民带来清洁可负担的能源，同时降低全球居民受到的气候变化影响。

风险（Risk）：海上环境复杂，风浪大，作业的风险性大，而且运维人员还需要登高进行电力作业，处在高压或特高压环境，易发生人身伤亡事故。

D）政策支持环境

（14）政策环境

《“十四五”规划和2035年远景目标纲要》提出要推进能源革命，建设清洁低碳、安全高效的能源体系，大力提升风电发电规模。国家能源局发布的《关于2021年风电、光伏发电开发建设有关事项的通知（征求意见稿）》指出2021年风电、光伏发电发电量占全社会用电量的比重达到11%左右，同时提出2030年非化石能源占一次能源消费比重达到25%左右，风电、太阳能发电总装机量达到12亿千瓦以上等目标。2022年1月，国家发展改革委、国家能源局发布《“十四五”现代能源体系规划》，鼓励建设海上风电基地，推进海上风电向深水远岸区域布局，重点建设广东、福建、浙江、江苏、山东等海上风电基地。

（15）监管环境

2016年底，国家能源局、国家海洋局印发《海上风电开发建设管理办法》，进一步完善海上风电管理体系，规范海上风电开发建设秩序，促进海上风电产业持续健康发展。2019年，国家发展改革委发布《关于完善风电上网电价政策的通知》，将海上风电标杆上网电价改为指导价，新核准海上风电项目全部通过竞争方式确定上网电价。

（16）金融环境

金融激励——国家开发银行日前制订《支持能源领域实现“碳达峰、碳中和”战略目标工作方案》，“十四五”期间设立总规模为5 000亿元（等值人民币，含外汇）的能源领域“碳达峰、碳中和”专项贷款，其中2021年安排发放1 000亿元，助力构建清洁低碳安全高效的能源体系。

财政激励——《财政部、国家税务总局关于风力发电增值税政策的通知》（财税〔2015〕74号）规定，自2015年7月1日起，对纳税人销售自产的利用风力生产的电力产品，实行增值税即征即退50%的政策。

其他激励——人民银行创设推出碳减排支持工具这一结构性货币政策工具，以稳步有序、精准直达方式，支持清洁能源、节能环保、碳减排技术等重点领域的发展，并撬动更多社会资金促进碳减排。

（17）合作环境

私营部门：中闽能源股份有限公司（“中闽能源”）、福建福能股份有限公司（“福能股份”）、三峡能源、中节能风力发电股份有限公司（“节能风电”）等企业。信诚基金管理有限公司、国投瑞银基金管理有限公司、银华基金管理有限公司、信达澳亚（原信达澳银）基金管理有限公司、广发基金管理有限公司等公募基金。

政府：浙江省、广东省政府财政支持海上风电发展。2021年，浙江省国家发展改革委《关于促进浙江省新能源高质量发展的实施意见（修改稿）》表示将实施财政、金融等支持，支持省管海域海上风电项目逐步实现平价上网。广东省发布《促进海上风电有序开发和相关产业可持续发展的实施方案》，提出2022年起，省财政对省管海域未能享受国家补贴的项目进行投资补贴，推动项目开发由补贴向平价平稳过渡。

多边机构：新开发银行投资20亿元支持福建省250MW的海上风电项目，以及另外20亿元支持广东省300WM的海上风电项目。

政府和社会资本合作：中天科技集团有限公司（“中天科技”）子公司拟与广东金风科技股份有限公司（“金风科技”）设立海上风电工程合资公司①。

（18）目标区域

广东、贵州、山东、江苏、浙江。

2. 大型风机制造

风机大型化是风电长期降低成本的根本路径，是风电的未来发展趋势。在整机制造环节，风机大型化可减少风机制造过程中单位功率的原材料用量，实现成本的有效下降；在风场项目建设运营方面，风机大型化不仅可以摊薄基础、电缆及其他电力设施的成本，还可以在

① 中天科技，2021，中天科技子公司拟与广东金风科技设立海上风电工程合资公司，https://ggjd.cnstock.com/company/scp_ggjd/tjd_ggkx/202112/4797467.htm.

相同风场容量下减少点位数，降低建设成本和运维成本。因此，大型风机制造有利于加速推进风电产业规模化扩大，助力中国碳达峰碳中和目标的实现。根据国际可再生能源署（IRENA）的预测，全球实现本世纪下半叶将全球温升较工业化之前控制在1.5摄氏度以内，需要更为激进的海上风电发展目标，全球2050年海上风电累计装机需要达到2 002GW，而2020年全球海上风电新增装机仅为不到7GW[①]。

A）潜在机遇

（1）商业模式

风电机组大型化的成本主要在于设备及安装，包括建筑工程、施工辅助工程、预备费、建设期利息和其他费用。头部风机厂商盈利模式将从单纯卖风机向卖风机和卖风场转变[②③]。

（2）案例研究

金风科技主营业务包括风力发电机组生产、研发与销售以及风电场投资与开发等，目前其在售大型风机进一步降低风电场施工建设成本，带来高发电量和低建设成本，成为北方海域超低度电成本的选择之一。

B）商业案例

（3）市场规模和环境

2020年中国风电累计并网装机量达到2.8亿千瓦，较2019年2.1亿

① 未来智库，2021，海上风电专题研究：全球市场展望及重点产业链介绍https://baijiahao.baidu.com/s?id=1715460219779587367&wfr=spider&for=pc.

② 北极星风力发电网，2021，北京国际风能大会《风电回顾与展望2021》，https://news.bjx.com.cn/html/20211029/1184630.shtml.

③ 张子瑞，2019，头部风机企业盈利模式悄然生变，https://wap.cnki.net/touch/web/Newspaper/Article/SHCA201906240090.html.

千瓦同比增长33.3%；新增装机7 167万千瓦，同比增长178.4%[①]。

（4）投资回报概况

2020年，根据部分上市公司数据测算，大型风机制造项目内部收益率在20%~25%之间[②]。

（5）投资时间

2020年，规模为5.5兆瓦至12兆瓦的大型风机制造项目的税后动态投资回收期为5~10年[③]。

（6）交易规模

2020年，规模为兆瓦5.5至12兆瓦的大型风机生产项目的投资额约为10亿元。

（7）市场风险和规模化障碍

供应链限制是主要的产业风险。国内的风机一度以低单机容量风机为主，相关零部件制造技术突破相对比较容易。随着单机容量的提高，由于作为风机核心部件的轴承、齿轮箱和控制系统等具有相对高的技术壁垒，国内市场的供应仍然存在瓶颈，而叶片、塔筒等部件出现了产能过剩的现象[④]。

① 全国新能源消纳监测预警中心，2021，2020年四季度全国新能源电力消纳评估分析，https://baijiahao.baidu.com/s?id=1691034856287140013&wfr=spider&for=pc.

② 金风科技，2021，2021年半年报，http://static.cninfo.com.cn/finalpage/2021-08-21/1210821430.PDF. 运达股份，2021，2021年半年报，http://static.cninfo.com.cn/finalpage/2021-08-28/1210901754.PDF. 明阳智能，2021，2021年半年报，http://static.cninfo.com.cn/finalpage/2021-08-20/1210793558.PDF.

③ 明阳智能，2019，招股说明书，http://static.cninfo.com.cn/finalpage/2019-01-10/1205719531.PDF.

④ 国际风力发电网，2021，2021年风电行业发展研究报告，https://wind.in-en.com/html/wind-2413240.shtml.

C）影响案例

（8）可持续发展需求

为实现碳达峰碳中和，到2030年，风电、太阳能发电总装机容量将达到12亿千瓦以上。2020年，全国风力发电仅占全国总发电量的6.1%，成本问题是风电规模化的瓶颈。其中，风电机组和安装在风电项目成本中占比最大，达到60%~80%；性别和/或边缘化方面，女性在可再生能源领域的就业机会占32%，高于在传统能源行业（如石油和天然气领域）的比例（22%），然而女性在全部风能行业劳动力中只占21%[①]。

（9）预期发展产出

风电机组大型化能够降低风电的度电成本。风机大型化使得所需安装的机位点、风电机组数量减少，在基础、电缆、安装及运营上的投入将减少，从而有效降低总体建设成本，有利于加速推进风电产业规模化扩大，加速中国碳中和的实现；大规模部署可再生能源可以创造大量直接就业机会，推动经济发展；运用多种方法能够提升女性在风能行业中的表现，包括加强社交、加强指导、培训、共享经验、好的性别政策、实习机会、更多讨论课程等，能够缓解性别不平等问题。

（10）涉及的SDGs

直接影响的SDG为“SDG 7. 经济适用的清洁能源—7.2.1 可再生能源在最终能源消费总量中的份额”，间接影响的SDG为“SDG 13. 气候行动”。

① 北极星风力发电网，2020，风能行业女性劳动力中只占21%，https://news.bjx.com.cn/html/20200227/1048174.shtml.

（11）利益相关方

对个人的直接影响——大型化风机将继续降低风电度电成本，为人们提供可负担得起的清洁能源[①]；对个人的间接影响——可以创造更多工作岗位。2020年全球约有120万人在风电行业就业，中国大约有55万人在风电行业就业。预计2021年到2025年之间全球风电（陆上及海上）新增装机将达到470GW，根据目前的测算，这一新增装机将在25年的生命周期中带来330万个工作机会。

对地球的直接影响——减少碳排放。风电的加速部署加上深度电气化，将贡献2050年总减排量的四分之一以上，近63亿吨CO_2。

（12）产出和影响力风险

风机叶片主体材料为聚合物基复合材料，叶片基体材料为环氧树脂，固化后无法二次利用，而玻璃纤维固化在纤维体中，回收难度极大，即使回收处理也面临着环保和高成本的难题[②]；新能源消纳问题尚未永久解决，一定情况下弃风弃光极容易发生反复，潜在风险较高。

（13）IMP分类

B－利益相关方福利改善

大型风机的发展可以降低风电的度电成本，使得风电成为大众支付得起的清洁能源，有利于减少温室气体、改善碳排放；通过投资风

---

① IRENA，2019，《风电的未来——风电的开发利用、投资、技术、并网以及社会经济效益》，https://www.irena.org/-/media/Files/IRENA/Agency/Publication/2019/Oct/IRENA_Future_of_wind_2019_summ_CH.pdf?la=en&hash=9EA292792EC04AF45CB7C05A6161F343CD242FEF.

② 北极星风力发电网，2020，百万吨级风机叶片的回收后处理：风电产业即将面临的新难题，https://news.bjx.com.cn/html/20200407/1061268.shtml.

能产业，能够创造直接和间接的工作岗位；可再生能源的发展为推进能源领域的性别平等提供了机会，通过针对性的教育、培训，女性能够更广泛地参与到能源行业的工作中。

什么（What）：对大型风电机组的投资可能促进风电降本增效，对减少温室气体、改善碳排放作出重要贡献；投资风能产业将创造直接和间接的工作岗位①。

谁（Who）：风电使用者、风电产业工作者、整机制造商、技术人员。

风险（Risk）：如不注重公正转型中的再就业问题，在淘汰化石能源的同时有可能造成一批化石能源产业链与产区的人群被边缘化。

D）政策支持环境

（14）政策环境

《“十四五”规划和2035年远景目标纲要》提出要推进能源革命，建设清洁低碳、安全高效的能源体系，大力提升风电发电规模。国家能源局发布的《关于2021年风电、光伏发电开发建设有关事项的通知（征求意见稿）》指出，2021年风电、光伏发电发电量占全社会用电量的比重达到11%左右，同时要求2030年风电、太阳能发电总装机量达到12亿千瓦以上。《2020年能源工作指导意见》设立了能源系统效率和风电、光伏发电等清洁能源利用率进一步提高的目标。

（15）监管环境

《风电开发建设管理暂行办法》对风电项目管理、开工建设要求进行了具体规定：风电场工程项目须经过核准后方可开工建设，未按

① GWEC，2020，《风电是实现全球经济复苏的重要引擎》，https://gwec.net/green-recovery-policy-recommendations/.

规定擅自开工不再享受电价补贴；风电设备质量是风电产业持续健康发展的重要基础，检测认证制度是保障设备质量的重要措施。目前国家已经初步建立风电设备检测认证制度，项目所用关键零部件，须按照《GB/Z 25458—2010风力发电机组合格认证规则及程序》进行型式认证，认证工作由国家主管部门批准的认证机构进行。国家能源局印发《风电标准建设工作规则》《能源行业风电标准化技术委员会章程》和《风电标准体系框架》，其中《风电标准体系框架》包括风力发电机组设计要求、风力发电机组功率特性试验、风力发电机组合格认证规则及程序等①。

（16）金融环境

财政激励——根据财政部、国家税务总局《关于风力发电增值税政策的通知》（财税〔2015〕74号）规定，资源综合利用企业享受增值税即征即退的税收优惠政策。

其他激励——《关于促进非水可再生能源发电健康发展的若干意见》预计2020年新增补贴资金额度为50亿元，可用于支持新增风电、光伏发电、生物质发电项目，并鼓励金融机构对列入补贴清单的项目予以支持。

（17）合作环境

私营部门：金风科技、明阳智慧能源集团股份有限公司（“明阳智能”）、上海电气集团股份有限公司等中国整机制造商。

政府：浙江省、江苏省、福建省等。《浙江省能源发展“十四五”规划》指出到2025年，力争全省风电装机容量达到630万千瓦，其中

① 国家能源局，2013，关于印发《风电标准建设工作规则》、《能源行业风电标准化技术委员会章程》和《风电标准体系框架》的通知，http://www.nea.gov.cn/2013-10/12/c_132792051.htm.

海上风电500万千瓦。江苏省发布的《关于推动高质量发展做好碳达峰碳中和工作实施意见》指出要加快推进海上风电规模化发展和“光伏+”综合利用。福建省“十四五”规划提出，要因地制宜发展海上风电，加快海上风电装备产业升级。

非营利组织：中国风能协会CWEA。

（18）目标区域

广东、贵州、山东、江苏、浙江。

3. 风电轴承制造

风电轴承作为风电核心零部件，具有高技术壁垒、高附加值的特征。风电轴承主要用于连接机组内偏航、变桨和传动等系统转向，一般风电机组的核心轴承包含1套主轴轴承、1套偏航轴承和3套变桨轴承。风电机组工况恶劣，对工作寿命和稳定性要求较高，作为风机各动力系统连接体的风电轴承技术复杂度高，是业内公认的国产化难度最高的风电设备零部件之一，因此是技术密集型产品。根据中国轴承工业协会的统计，自2017年以来风电轴承逐步走出市场低谷，2019年市场规模达到99.04亿元[①]。

A）潜在机遇

（1）商业模式

风电轴承是风电设备的核心零部件，是技术密集型产品，需要满足风电设备的恶劣工况和长寿命、高可靠性的使用要求。轴承在风机中的价值量排第3位，仅次于叶片、齿轮箱，产生利润的方式为向整

① 华经情报网，2020，2020年我国风电轴承市场竞争格局与未来发展趋势，政策+市场双轮驱动为行业发展保驾护航，https://www.huaon.com/channel/trend/664472.html.

机制造商出售风电轴承。

（2）案例研究

洛阳新强联回转支承股份有限公司（“新强联”）主营业务是大型回转支承产品和风力发电机偏航变桨轴承及主轴承产品的研发、制造、销售。新强联凭借长期的行业积淀已与下游整机厂商明阳智能、湘电风能有限公司、中铁工程装备集团有限公司等多家行业领先企业建立了长期稳定的合作关系，2020年公司业绩增长较多。

B）商业案例

（3）市场规模和环境

2021年中国国产风电轴承行业市场空间为203亿元，预计2025年中国国产风电轴承行业空间将达到253亿元，对应2021—2025年的复合年均增长率将达到6%左右①。

（4）投资回报概况

根据部分上市公司2021年半年报数据测算，风机轴承项目内部收益率大于25%②。

（5）投资时间

2020年，根据2.0兆瓦及以上大功率风力发电主机配套轴承建设项目数据，大功率风力发电主机配套轴承建设项目静态回收期约5年

---

① 全景网，2022，风电轴承：风电产业链仅剩的价值洼地也要启动了?，https://www.sohu.com/a/593448866_115124?spm=smpc.author.fd-d.5.1667197148972lg30TVj.

② 斯凯孚，2021，2021年半年报，https://investors.skf.com/sites/default/files/pr/202107191474-1.pdf. 瓦轴B，2021，2021年半年报，http://static.cninfo.com.cn/finalpage/2021-08-24/1210826036.PDF.

至10年[①]。

（6）交易规模

2020年，根据部分上市公司数据测算，风力发电主机配套轴承建设项目投资额约3亿元至10亿元。

（7）市场风险和规模化障碍

风机轴承制造属于资本支出密集型行业，轴承企业受到利润趋薄与成本高的双重夹击。风电轴承设备昂贵，引进一台设备需要4 000万元人民币左右。且风电轴承设备应用范围单一，如果该型号产能被市场淘汰，其设备成本将很难收回[②]。此外，产业上也受到供应链限制。风电轴承生产商的客户主要为下游大型风电整机制造企业，下游风电整机行业应收账款金额较大、周转率偏低，如果个别客户经营状况发生重大不利变化，不能及时收回应收款项，将对风电轴承生产商的经营业绩造成不利影响[③]。

C）影响案例

（8）可持续发展需求

随着风电装机的大容量化，风电轴承的尺寸也随着风力装机容量的增加而增大，其加工难度也成倍增加，对风机轴承企业提出新的要求。

（9）预期发展产出

风电轴承是风电机组的重要支承部件，对整个机组的寿命、性能

① 新强联，2020，首次公开发行股票并在创业板上市招股说明书，http://static.cninfo.com.cn/finalpage/2020-07-01/1207978287.PDF.

② 全国能源信息平台，2020，国产轴承能否打破“魔咒”成功走向大型化？，https://baijiahao.baidu.com/s?id=1657778171081905724&wfr=spider&for=pc.

③ 百度文库，中国回转支承行业研究，https://wenku.baidu.com/view/a9e95a0fac51f01dc281e53a580216fc710a5334.html.

和可靠性起着非常重要的作用。投资能够适应风机大型化趋势的轴承制造有助于推进风机大型化并降低成本。

（10）涉及的SDGs

直接影响的SDG为“SDG 7. 经济适用的清洁能源—7.2.1 可再生能源在最终能源消费总量中的份额”，间接影响的SDG为“SDG 13. 气候行动”。

（11）利益相关方

对个人的直接影响——度电成本的降低有助于让更多人享受可负担的再生能源电力①；对个人的间接影响——风电设备零部件制造业将为人们创造更多工作机会，到2030年、2050年包括轴承在内的风电设备零部件制造业分别提供就业岗位20.4万个、22.3万个。

对地球的直接影响——风电装机量的增加有助于减少碳排放，减缓气候变化。轴承制造质量的提升可以延长风机寿命，减少材料回收的压力；对地球的间接影响——风电的加速部署加上深度电气化，将有助于将2050年需要的总排量减少超过四分之一，近63亿吨$CO_2$②。

（12）产出和影响力风险

风电轴承使用环境恶劣，维修成本高，废弃轴承回收压力大③；电网消纳能力不足有可能导致弃风。

① 北极星风力发电网，2017，降低度电成本　提高自身竞争力，https://news.bjx.com.cn/html/20171011/854532-1.shtml

② 中国储能网，2019，风电的开发利用、投资、技术、并网以及社会经济效益，https://windpower.ofweek.com/2019-10/ART-330001-11000-30413214.html.

③ 搜狐网，2022，2022—2028年中国风电轴承行业市场深度评估及投资机会预测报告，https://www.sohu.com/a/525202083_121308596.

（13）IMP分类

B－利益相关方福利改善

可再生能源的发展为推进能源领域的性别平等提供了机会，通过针对性的教育、培训，女性能够更广泛地参与到能源行业的工作中。风电设备零部件智能制造发展有益于绿色制造新业态，能提高发电效率，减少温室气体排放，为人们直接或间接地创造更多工作机会。

什么（What）：投资能促进轴承行业智能制造，推进业态向绿色制造新业态转变。

谁（Who）：风电产业工作者、风电使用者、高端轴承制造商、技术人员。

风险（Risk）：需要对其他行业人员进行转岗培训，使其顺利转入海上风电等朝阳产业，培训计划要兼顾不同性别及边缘群体[①]。

D）政策支持环境

（14）政策环境

《中国制造2025》将轴承等零部件列为“工业强基工程”五大工程之一，支持企业推进技术改进。《全国轴承行业“十四五”规划》提出推进产业基础高级化，提出“十四五”新目标立足高端数字化发展，提出鼓励支持企业建立技术创新平台，提出夯实发展质量品牌基础，培育轴承工业文化，实施人才工程，构建现代化产业链。《装备制造业技术进步和技术改造投资方向（2010年）》将轴承作为基础零部件发展的重点方向之首，包括风力发电机增速器轴承等。

① 东方风力发电网，2020，联合声明：风电是驱动全球经济复苏的重要引擎，http://www.eastwp.net/news/show.php?itemid=58318.

（15）监管环境

目前国家已经初步建立风电设备检测认证制度，凡是接入公共电网的新建风力发电项目所采用的风力发电机组及其风轮叶片、齿轮箱、发电机、变流器、控制器和轴承等关键零部件，须按照《GB/Z 25458—2010风力发电机组合格认证规则及程序》进行型式认证，认证工作由国家主管部门批准的认证机构进行。中国轴承生产遵从一般工业产品生产的相关法律法规，包括《安全生产法》《产品质量法》等，目前国家还没有出台专门针对轴承行业的法律法规。国家能源局印发《风电标准建设工作规则》《能源行业风电标准化技术委员会章程》和《风电标准体系框架》，其中《风电标准体系框架》包括风力发电机组零部件的风力发电机组轴承。

（16）金融环境

金融激励——人民银行通过碳减排支持工具向金融机构提供低成本资金，发放对象暂定为全国性金融机构，人民银行通过“先贷后借”的直达机制，对金融机构向碳减排重点领域内相关企业发放的符合条件的碳减排贷款，按贷款本金的60%提供资金支持，利率为1.75%[①]。

财政激励——财政部关税司出台的税收优惠政策规定，自2008年1月1日起，对国内企业为开发、制造大功率风力发电机组而进口的关键零部件、原材料所缴纳的进口关税和进口环节增值税，实行先征后退[②]。

① 中国政府网，2021，人民银行有关负责人就碳减排支持工具答记者问，http://www.gov.cn/zhengce/2021-11/08/content_5649851.htm.

② 中国政府网，2008，财政部通知调整大功率风力发电机组进口税收政策，http://www.gov.cn/gzdt/2008-04/23/content_952511.htm.

其他激励——《风力发电设备产业化专项资金管理暂行办法》明确规定中央财政安排专项资金支持风力发电设备产业化[①]。

（17）合作环境

私营部门：瓦房店轴承集团有限责任公司（“瓦轴”）、洛阳洛轴精密轴承有限公司、新强联等中国轴承制造商。

政府：江苏省、福建省等。《江苏省“十四五”制造业高质量发展规划》指出以智能化、深远海为方向，重点突破大型风机主轴承等。《福建省“十四五”制造业高质量发展专项规划》提出在工程机械方面提高轴承、齿轮和其他传动件的性能和水平，满足省内主机配套需求。

非营利组织：中国轴承工业协会。

（18）目标区域

广东、贵州、山东、江苏、浙江。

4. 叶片碳纤维材料

叶片约占风机总成本的22%，叶片的尺寸、形状直接决定了能量转化效率，以及机组功率和性能，因此风电叶片在风机设计中处于核心地位。碳纤维具有质量轻、强度高、刚性好等特点，风机叶片采用碳纤维可以提高叶片捕风能力，在保证大型化风机结构强度的同时，也能避免叶片在风载作用下发生大变形甚至撞击风车支柱等情况的发生。根据一次对业界相关人士的匿名采访，在满足刚度和强度的前提下，碳纤维的质量可比玻璃钢叶片质量轻30%以上。当前风轮直径已

① 财政部，2008，《风力发电设备产业化专项资金管理暂行办法》，http://www.mof.gov.cn/zhengwuxinxi/caizhengxinwen/200808/t20080822_66448.htm.

突破120米，叶片重量达18吨，采用碳纤维的120米风轮叶片可以有效减少总体自重38%，成本下降14%。风电叶片每年的市场规模约为150亿元至200亿元，国内排名前五的风电叶片企业市场份额已由2011年的10%增长至2018年的50%[①]。随着风机大型化发展趋势明显，风机叶片碳纤维材料有望迎来较大需求。

A）潜在机遇

（1）商业模式

风电叶片被普遍认为是碳纤维最重要的增长市场，产生利润的方式为：采购丙烯腈等原材料，经过复杂的生产和加工工序后，最终形成碳纤维成品向整机制造商、叶片零部件制造商出售[②]。

（2）案例研究

中国石化上海石油化工股份有限公司加快转型步伐，以碳纤维为核心构建产业集群，2021年上半年公司实现营业额370.89亿元，实现归母净利润12.76亿元。

B）商业案例

（3）市场规模和环境

2020年中国碳纤维下游应用中，风电叶片需求量占比最大，达40.9%，中国风电叶片碳纤维需求量约为2万吨，同比增长45%[③]。

① 全国能源信息平台，2021，风电叶片成本分析、市场分析与玻纤/碳纤发展趋势分析，https://baijiahao.baidu.com/s?id=1689296723816998165&wfr=spider&for=pc.

② 未来智库，2022，民用碳纤维行业研究：再论民用碳纤维的成长性与周期性，https://baijiahao.baidu.com/s?id=1735026738751455804&wfr=spider&for=pc.

③ 光大证券，2022，风电主导，各领域多点开花，碳纤维行业迎发展良机，https://pdf.dfcfw.com/pdf/H3_AP202202231548648488_1.pdf?1645603848000.pdf.

（4）投资回报概况

2020年，根据部分上市公司毛利率数据测算，碳纤维板块平均毛利率约为62.6%①。

（5）投资时间

2020年，按照1 500吨/年聚丙烯腈基碳纤维原丝项目测算，项目投资回收期约5年至10年。

（6）交易规模

2020年，按照1 500吨/年聚丙烯腈基碳纤维原丝项目测算，项目总投资为2亿元至5亿元。

（7）市场风险和规模化障碍

产业受到供应链限制。较多国产碳纤维企业尚未实现关键技术的突破，生产线运行及产品质量不稳定，国产碳纤维行业长期存在“有产能，无产量”的现象，目前碳纤维市场仍处于供不应求的状态②。

C）影响案例

（8）可持续发展需求

目前仍有大量低风速资源未被开发的原因是技术水平有待提升，叶片捕风能力差，开发效率低③。伴随风电爆发式增长，并网与消纳

① 光威复材，2021，2020年年度报告，http://static.cninfo.com.cn/finalpage/2021-03-30/1209475937.PDF. 中简科技，2021，2020年年度报告，http://static.cninfo.com.cn/finalpage/2021-03-30/1209476441.PDF. 中复神鹰，2022，招股说明书，http://static.cninfo.com.cn/finalpage/2022-03-30/1212728566.PDF.

② 未来智库，2022，碳纤维行业专题报告：长期需求看好，国内有效供给有待持续释放，https://baijiahao.baidu.com/s?id=1728873696575284064&wfr=spider&for=pc.

③ 国家能源局，2017，中国式智慧破解低风速开发难题，http://www.nea.gov.cn/2017-05/12/c_136277303.htm.

能力不足，弃风限电难题日益严重，中国风电在向并网条件较好的低风速地区发展，低风速区域的风资源开发价值越来越被重视，开发效率也在不断提高。但目前低风速区域风场的风机价格及整体造价较其他风机偏高，剩余低风速区域资源越来越差①。

（9）预期发展产出

碳纤维及其复合材料在风电叶片领域的使用越发广泛，特别是在风电机组的大型化和海上化方面。碳纤维复合材料密度更低、强度更高，可以保证风电叶片在增加长度的同时大大降低重量②。碳纤维材料的使用有助于开发低风地区的风力资源，使更多地区享受到清洁、可负担的风能电力。

（10）涉及的SDGs

直接影响的SDG为“SDG 7. 经济适用的清洁能源—7.2.1 可再生能源在最终能源消费总量中的份额”，间接影响的SDG为“SDG 13. 气候行动”。

（11）利益相关方

对个人的直接影响——度电成本降低有助于让更多人享受可负担的再生能源电力；对个人的间接影响——实现中国风电发展目标将带来巨大的环境效益和社会效益，2050年当年二氧化碳减排量将达到15亿吨，风电带来的就业岗位将达到72万个③。

① 北极星风力发电网，2017，破译低风速高发电量密码，https://news.bjx.com.cn/html/20170209/807354.shtml.

② 国际风力发电网，2021，2021年碳纤维风电叶片行业发展现状及前景展望，https://wind.in-en.com/html/wind-2409633.shtml.

③ 维普官方网站，2013，2050年我国风电装机或达10亿千瓦，http://www.cqvip.com/QK/93961X/20132/45734422.html.

对地球的直接影响——纤维材料在风电叶片上使用可以提高叶片刚度以及对恶劣环境的适应性，在降低废弃率的同时能够提高风能利用效率。

（12）产出和影响力风险

碳纤维叶片的回收仍存在问题，传统报废方式存在粉尘、碳排放等污染，一旦报废将难以再熔化或重塑，难以进行循环利用①；碳纤维价格高，高成本使大规模应用面临瓶颈。

（13）IMP分类

B－利益相关方福利改善

碳纤维材料在风电叶片的使用将进一步开发低风速地区风力资源，实现风电降本增效，减少温室气体排放；风电设备零部件制造业为人们创造更多工作机会；提高低风地区风力资源开发效率，有利于更多地区享受到清洁、可负担的风能电力。

什么（What）：对叶片碳纤维材料的投资可以促进风电降本增效，推动风能成为大众支付得起的清洁能源，从而为减少温室气体、改善碳排放作出重要贡献。

谁（Who）：风电产业工作者、风电使用者、碳纤维生产商、技术人员。

风险（Risk）：需要对其他行业人员进行转岗培训，使其顺利转入海上风电等朝阳产业，培训计划要兼顾不同性别、不同族裔及边缘群体。

---

① 中国高新网，2022，退役潮将至　风电叶片何去何从，http://paper.chinahightech.com/pc/content/202204/04/content_46687.html.

D）政策支持环境

（14）政策环境

《“十四五”规划和2035年远景目标纲要》明确提出要加强碳纤维等高性能纤维及其复合材料的研发应用，为未来碳纤维行业的技术进步提供良好的政策环境。2021年9月，科学技术部公开了《对十三届全国人大四次会议第2146号建议的答复》，将加强碳纤维及其复合材料的基础研究，推动组建碳纤维及其复合材料国家技术创新中心。在“十四五”期间，科技部启动了“先进结构与复合材料”重点专项，将支持树脂基碳纤维复合材料的开发及应用技术；针对工业领域低成本规模化应用需求，开展大丝束碳纤维、织物和大克重预浸料等低成本材料和高效制备技术研究及大型主承力结构制造工艺和性能验证，实现工程化示范应用。2020年9月，国家发展改革委、科技部、工信部、财政部联合发布了《关于扩大战略性新兴产业投资培育壮大新增长点增长极的指导意见》，提出聚焦重点产业投资领域，加快新材料产业强弱项，加快在高性能纤维材料、高强高导耐热材料、耐腐蚀材料、大尺寸硅片、电子封装材料等领域实现突破。

（15）监管环境

目前国家已经初步建立风电设备检测认证制度，凡是接入公共电网的新建风力发电项目所采用的风力发电机组及其风轮叶片、齿轮箱、发电机、变流器、控制器和轴承等关键零部件，须按照《GB/Z 25458—2010风力发电机组合格认证规则及程序》进行型式认证，认证工作由国家主管部门批准的认证机构进行。2018年3月，质检总局联合工业和信息化部、发展改革委、科技部、国防科工局、中国科学院、中国工程院、国家认监委、国家标准委等部门印发了《新材料标准领航行动计划（2018—2020年）》，提出研制T800级、M55J级及以上工业级系列碳纤维制备相关技术标准，开展高强高模碳纤维检测方法研究，为碳纤维应用选型定型提供标准依据。碳纤维建设项目需要根据《建设项目环境影响评价政府信息公开指南（试行）》的相关规定进行公示。

（16）金融环境

金融激励——《新材料标准领航行动计划（2018—2020年）》指出在推动碳纤维及复合材料等新材料时要加大资金保障，支持市场化多元化经费投入机制，鼓励引导社会团体、企业等社会各界加大投入，支持新材料产业重点领域标准化研究、标准制定、标准化示范应用及相关能力建设。

财政激励——碳纤维生产企业可被认定为高新技术企业，按应纳税所得额的15.00%税率计征所得税。

（17）合作环境

私营部门：中复神鹰碳纤维股份有限公司（“中复神鹰”）、威海光威复合材料股份有限公司（“光威复材”）、中简科技股份有限公司（“中简科技”）、吉林化纤集团有限责任公司、兰州蓝星纤维有限公司、中材科技股份有限公司、无锡派克新材料科技股份有限公司等中国主要碳纤维生产商。

政府：江苏省、山东省、上海市。江苏省政府印发的《苏南国家自主创新示范区一体化发展实施方案（2020—2022年）》指出要发挥碳纤维及复合材料等产业技术创新联盟作用，加快制造业向研发、设计创意等高端环节延伸。《山东省新材料产业发展专项规划（2018—2022年）》提出要重点发展高性能低成本碳纤维等材料，加快纤维及复合材料的智能、绿色生产制造技术和耐高温热塑性复合材料产业化水平。上海金山区发布“碳纤维十五条”专项政策，全力推动碳纤维产业集群的建设。

非营利组织：中国化学纤维工业协会碳纤维分会。

（18）目标区域

广东、贵州、山东、江苏、浙江。

七、燃料电池和工业电池行业

2020年交通运输业二氧化碳排放量占中国排放总量的10%，新能源汽车的发展对进一步推动交通领域的清洁低碳转型尤为重要①。电池技术一直是制约电动汽车发展的关键因素，直接影响电动汽车的续驶里程，甚至影响整车质量及成本。随着新能源汽车保有量攀升，车用电池面临的能量补充、报废回收等需求也将大幅增加。一方面，废旧电池回收和利用，既可以重复利用稀有金属资源，也能够减少环境污染；另一方面，换电站建设和运营，既能基于其补能时间短、电池损耗低等优势方便车主，也能够节约土地资源、推进交通电动化全面普及，拥有巨大的发展潜力。

发展需求：新能源汽车的发展对交通领域的低碳转型影响深远，而电池的质量、安全性、可靠性等性能直接关系到新能源汽车的使用体验，其技术发展状况也限制了新能源汽车的普及应用。

政策优先事项：《新能源汽车产业发展规划（2021—2035年）》

① 中国国务院，2022，加快形成绿色低碳运输方式，http://www.gov.cn/xinwen/2022-01/14/content_5668085.htm.

中特别提到要实施电池技术突破行动，建设电池高效循环利用体系，加快充换电基础设施建设。

性别不平等及边缘化：中国新能源汽车购买用户多分布在一、二线城市，占比超八成。其中一线城市购买用户占比46%，二线城市购买用户占比37%，三四线城市购买用户占比11%[①]。

投资机会：该子产业的IOA重点集中在换电站的建设和运营以及动力电池的回收。

关键瓶颈：相关政策法规机制仍不健全。

1. 废旧电池回收和利用

电池的回收再利用能够带来显著的环境效益、社会效益和经济收益。随着新能源汽车行业的不断扩大，动力电池回收市场空间巨大，2025年，中国退役动力电池累计将达137.4GWh，梯次利用与再生利用产值预计可超千亿元。处理废旧电池主要有两种方案：其一，梯次利用，以满足其他行业的不同储能需求；其二，拆解回收，以再次利用其中的锂、钴、镍等原材料。虽然梯次利用对环境更有益，但由于原材料价格飙升以及缺乏废旧电池价值评估与再利用的标准，目前市场更青睐拆解回收方案。为了推进电池回收利用行业的发展，应进一步加强监管力度，提高标准化程度，加强整个价值链的良性竞争与合作，并利用一定的财政激励措施扩大对相关公司的资金支持。

A）潜在机遇

（1）商业模式

可产生利润的方式：不同动力锂电池正极材料中所含的有价金属

---

① 艾媒咨询，2020，汽车行业数据分析，https://www.iimedia.cn/c1061/74723.html.

成分不同，对潜在价值最高的金属如钴、锂、镍等有价金属进行提取并出售给相关公司能够带来利润。

（2）案例研究

格林美的主营业务是回收利用废旧电池、电子废弃物等废弃资源循环再造高技术产品，是中国对电子废弃物、废旧电池进行经济化、规模化循环利用的领先企业之一。2020年该公司营业收入124.66亿元，净利润4.03亿元[①]。

B）商业案例

（3）市场规模和环境

随着新能源汽车行业的不断扩大，动力电池回收市场空间巨大，预计到2030年动力电池回收市场规模将超过700亿元，对应2021年至2030年的复合年均增长率将达到58.3%[②]。

（4）投资回报概况

2020年，根据部分上市公司毛利率数据测算，回收利用废旧电池项目平均毛利率在10%至15%之间。

（5）投资时间

根据部分上市公司数据测算，回收利用废旧电池项目投资回收期为5年至10年[③]。

---

① 格林美，2021，格林美2020年年度财报，https://pdf.dfcfw.com/pdf/H2_AN202104141484995631_1.pdf?1618437846000.pdf.

② 财联社，2022，2025年我国退役动力电池或达137.4GWh 电池回收产值可超千亿，https://www.sohu.com/a/593504605_121335114.

③ 吉林商务厅，2020，辽源动力电池回收及梯次利用生产线建设项目，https://chuneng.bjx.com.cn/news/20200120/1038043.shtml.

（6）交易规模

根据部分上市公司数据测算，废旧电池材料回收生产基地的投资规模约100亿元至300亿元①。

（7）市场风险和规模化障碍

电池品类规格多，生产企业多，车企多，回收企业零散，主要以小作坊为主，不利于动力电池回收规范化、规模化发展；此外，市场波动也会带来相应风险。

C）影响案例

（8）可持续发展需求

电动汽车的发展带来了大量动力电池的淘汰。废旧动力电池作为一种危险废弃物，对环境和人类健康有潜在威胁，如果处理不当的话不仅会污染环境，还会影响到人和动植物的健康。当前国内动力锂电池回收网点主要集中在广东、江苏以及山东等沿海省份。

（9）预期发展产出

动力电池回收能减少电池对于土地及水资源的污染，也能带来经济效益。相关材料的回收提高了材料利用效率，有利于循环经济的发展；动力电池回收网络的发展让更多地区获得发展机会，并缓解污染问题。

① 启迪桑德，2018，对外投资事项公告，http://www.cninfo.com.cn/new/disclosure/detail?orgId=gssz0000826&announcementId=1205467969&announcementTime=2018-09-27%2007:39. 宁德时代，2021，宁德时代投资公告，https://pdf.dfcfw.com/pdf/H2_AN202110121522145131_1.pdf?1634040522000.pdf. 国轩高科，2021，关于与肥东县人民政府签署合作协议的公告，http://www.cninfo.com.cn/new/disclosure/detail?orgId=9900001001&announcementId=1209428011&announcementTime=2021-03-23.

（10）涉及的SDGs

直接影响的SDG为“SDG 6. 清洁饮水和卫生设施—6.3.2 环境水质良好的水体比例”，间接影响的SDG为“SDG 9. 产业、创新和基础设施”。

（11）利益相关方

对个人的直接影响——减少重金属污染对于人类健康的影响；对个人的间接影响——电池回收行业的发展提供了更多的就业机会。

对地球的直接影响——废旧动力电池材料回收可以减少其对环境（尤其是水和土壤）的污染。

对企业的直接影响——通过回收废旧动力电池，将镍、钴、锂等有价金属进行提取进行循环再利用，是规避上游原材料稀缺和价格波动风险的有效途径，经济效益显著。

（12）产出和影响力风险

废旧汽车动力电池拆解工序复杂且具有安全隐患；回收体系不完善，大量废旧电池流入非正规渠道。而非正规回收企业的成本优势有可能导致正规回收企业面临材料不足的局面。

（13）IMP分类

A－采取行动以避免损害

废旧动力电池回收行业的发展和科学布局能够让更多区域抓住电新能源汽车发展机遇，有利于保护生态环境，保障人民生活的健康；同时，对废旧动力电池的回收能够促进材料的循环再利用，节约生产成本，获取经济效益。

什么（What）：结果很可能是积极的、重要的、长期的和大规模的，因为随着法律法规的完善，电池回收行业终将走向正规化，技术落后、规模较小的回收企业将会被淘汰。

谁（Who）：减少重金属污染对居民健康的影响。

风险（Risk）：在监管不到位的情况下，废旧电池可能流入非正规回收渠道。

D）政策支持环境

（14）政策环境

2018年，工业和信息化部会同有关部门发布《新能源汽车动力蓄电池回收利用试点实施方案》，并确定在京津冀、上海、广东、湖南等17个地区及中国铁塔公司开展试点，支持一批重点回收利用项目建设。2020年，国务院办公厅印发《新能源汽车产业发展规划（2021—2035年）》，要求在中国建立健全动力电池回收产业体系。2021年，国务院印发《"十四五"循环经济发展规划》，提到将加强新能源汽车动力电池溯源管理平台建设，完善动力电池回收利用溯源管理体系等内容。2022年，工信部等八部门发布《关于印发加快推动工业资源综合利用实施方案的通知》，提出强化新能源汽车动力电池全生命周期溯源管理，推动产业链上下游合作共建回收渠道，构建跨区域回收利用体系，推进废旧动力电池在备电、充换电等领域安全梯次应用。

（15）监管环境

2018年，工信部联合其他六部门，印发了《新能源汽车动力蓄电池回收利用管理暂行办法》，对动力蓄电池的生产及回收责任、综合利用以及监督管理都做了细化的规定。2019年，工信部《能源汽车动力蓄电池回收服务网点建设和运营指南》提出新能源汽车废旧动力蓄电池以及报废的梯次利用电池回收服务网点建设、作业以及安全环保要求。2021年，生态环境部发布《废锂离子动力蓄电池处理污染控制技术规范（试行）》，对废旧动力电池处理过程中环保问题作出了有关规定。

（16）金融环境

金融激励——国家发展改革委发布的《汽车产业投资管理规定》提出加大对动力电池高效回收技术和专用设备的投资力度。

财政激励——2019年工业和信息化部在信息公开中提出将积极会同有关部门落实财税优惠政策①。

（17）合作环境

私营部门：宁德时代新能源科技股份有限公司（“宁德时代”）、格林美、宁波杉杉股份有限公司、合肥国轩高科动力能源有限公司（“国轩高科”）、比亚迪等企业。

政府：安徽省合肥市。安徽合肥对整车、电池生产企业等建立废旧动力电池回收系统并回收利用的，给予财政奖励②。

（18）目标区域

河北、河南、内蒙古、浙江、江苏。

2. 换电站建设和运营

新能源汽车换电模式在中国正处于探索发展阶段。相较于充电模式，换电模式在配电容量、电网调度、土地资源、基础建设、电池管

① 工业和信息化部等，2019，对十三届全国人大二次会议第3239号建议的答复，https://wap.miit.gov.cn/zwgk/jytafwgk/art/2020/art_e69d1ee74a4245a1954ea4f8f73ddec4.html.

② 合肥科技局，2021，关于开展合肥市级新能源汽车部分财政补助资金清算的通知，http://kjj.hefei.gov.cn/zwgk/tzgg/14613773.html.

理等方面起到更好的调节作用，凭借其补能时间短、电池损耗低、电网改建成本低、占地面积小等优势能够有效解决充电模式下的电动车发展困境，助力交通领域电动化的全面普及。在政策推动、电动汽车保有量攀升以及产业资本加速进入的背景下，商用车换电站具有更广阔的市场以及更优的盈利模式。截至2021年底，我国换电站保有量总计超过1 300座。预计到2025年，换电站有望达2.2万座、运营市场规模有望达2 631亿元①。

A）潜在机遇

（1）商业模式

电车换电是指通过集中型充电站对大量电池进行集中存储、集中充电、统一配送，并在电池配送站内对电动汽车进行电池更换服务，在电池高度标准化和平台化后，通过向新能源车主收取电池租赁费和换电费取得收入，随着换电站客户群体增加，最终实现盈利②③。

（2）案例研究

协鑫能源科技股份有限公司（"协鑫能科"）2021年宣布募资50亿元，主要投资建设新能源汽车换电站建设项目。项目建成后，将新增加约300个乘用车换电站和185个重卡车换电站。具体模式是依据换电前后电池的电量差收取费用。每个换电站每天可分别为100辆乘用车和40辆重卡车提供换电服务。该企业2021年第三季度财报显示主

① 东方证券，2021，换电站运营，下一个千亿蓝海　新能源汽车换电站产业研究报告，https://www.sohu.com/a/488313989_121004207.

② 韦顺，2021，换电站：一个刚起步的景气赛道，https://www.163.com/dy/article/GRC4HERB05529GVE.html.

③ 电动汽车观察家，2020，换电模式能否盈利？，https://new.qq.com/omn/20200813/20200813A04VON00.html.

营收入85.41亿元，同比上升4.12%；归母净利润8.05亿元，同比上升25.91%；扣非净利润5.44亿元，同比下降0.04%[①②]。

B）商业案例

（3）市场规模和环境

预计2025年换电站有望达2.2万座，运营市场规模达2 631亿元，换电站设备市场达693亿元，对应换电站建设、运营、换电设备在2021—2025年间的复合年均增长率将达到80%至107%，换电模式将在“十四五”期间进入高速增长期。

（4）投资回报概况

2020年，根据部分上市公司数据测算，单个乘用车换电站的全投资内部收益率在10%至15%之间。

（5）投资时间

根据部分上市公司数据测算，单个乘用车换电站投资回收期为5~7年，单个重卡车换电站投资回收期为4~6年。

（6）交易规模

根据部分上市公司数据测算，单个乘用车换电站的建设成本约为500万元，单个重卡换电站成本约为1 000万元，项目总投资金额约为

---

① 协鑫能科，2021，2021年度非公开发行A股股票预案，http://www.gcl-et.com/uploads/002015_&e5&8d&8f&e9&91&ab&e8&83&bd&e7&a7&912021-06-15_2021&e5&b9&b4&e5&ba&a6&e9&9d&9e&e5&85&ac&e5&bc&80&e5&8f&91&e8&a1&8cA&e8&82&a1&e8&82&a1&e7&a5&a8&e9&a2&84&e6&a1&88.pdf. 北汽蓝谷，2020，非公开发行股票预案，https://pdf.dfcfw.com/pdf/H2_AN202008031396129237_1.pdf.

② 协鑫能科，2021，2021年第三季度报告，http://www.gcl-et.com/uploads/2021%20&e5&b9&b4&e7&ac&ac&e4&b8&89&e5&ad&a3&e5&ba&a6&e6&8a&a5&e5&91&8a.PDF.

10亿元至35亿元。

（7）市场风险和规模化障碍

换电站建设和运营属于资本支出密集型行业。换电的痛点主要包括换电站建设前期投入高，融资需求较大[①]；换电电池的标准化程度低，难以开放使用形成规模效应，导致技术的应用推广存在难度，需要车企和电池企业之间加强配合[②]。

C）影响案例

（8）可持续发展需求

因为充电所需时间较长，电动车便利性以及续航里程无法与传统油车相比，这限制了其普及率；电动车电池的寿命较短，其制造及报废过程中也会产生污染；当前，换电站主要分布在国内经济发达的沿海或中心城市，三四线城市和乡镇换电站数量较少[③]。

（9）预期发展产出

换电站的建立有助于提升电动车的续航里程、减少充电时间，有利于新能源汽车的普及与推广；且换电电池被集中收集，在恒温、恒湿条件下小功率慢充，有助于延缓电池寿命衰减，以减少对环境的污染。

（10）涉及的SDGs

直接影响的SDG为“SDG 13. 气候行动—13.2.2 年温室气体

① 广发证券，2021，车电分离直击痛点，重启销量增长引擎，http://pdf.dfcfw.com/pdf/H3_AP202008241400922207_1.pdf.

② 高工产业研究院，2020，中国新能源汽车“车电分离”模式经济性分析报告，http://www.elecfans.com/d/1304952.html.

③ 华经产业研究院，2021，2021—2026年中国换电站市场调查研究及行业投资潜力预测报告，https://www.huaon.com/channel/trend/749081.html.

总排放量”。

（11）利益相关方

对个人的直接影响——优化新能源汽车的驾驶体验，更多人能够以更低的价格拥有新能源车；对个人的间接影响——换电站能够增加新能源相关的就业机会。

对地球的直接影响——换电站大规模普及，有利于新能源汽车的推广，推进交通行业的降碳减排。

（12）产出和影响力风险

电池存在安全风险，同时，换电站的物联网运营模式，存在泄露个人信息的风险；在缺乏监管的情况下，各地换电站可能会盲目开工，重复建设，造成环境破坏和资源浪费。

（13）IMP分类

C－贡献问题解决方案

换电站的发展有助于新能源汽车的普及与推广，促进交通行业的减碳；换电模式有助于延缓电池寿命衰减，可以减少对于环境的污染；换电站的合理规划，可以确保不同城市、区位以及不同经济水平的电动车用户都能够享受便利的换电服务。

什么（What）：换电站的发展可以帮助解决新能源汽车充电时间长的问题，有助于提高新能源汽车普及率。

谁（Who）：新能源汽车车主能够享受便利的换点服务，节省充电时间。

风险（Risk）：换电站盲目发展，造成资源浪费和所带来的安全隐患。

D）政策支持环境

（14）政策环境

《新能源汽车产业发展规划（2021—2035年）》鼓励开展换电模式应用，加强智能有序充电、大功率充电、无线充电等新型充电技术研发，提高充电便利性和产品可靠性。2021年5月，国家发展改革委《关于进一步提升充换电基础设施服务保障能力的实施意见（征求意见稿）》中提出加快换电模式推广应用，围绕矿场、港口、城市运转等短途、高频、重载场景，支持建设布局专用换电站，探索车电分离模式，促进重卡领域和港口内部集卡的电动化转型；探索出租、望月和物流运输等领域的共享换电模式，优化提升共享换电服务体验。2021年10月，工信部印发《关于启动新能源汽车换电模式应用试点工作的通知》，决定启动新能源汽车换电模式应用试点工作。纳入此次试点范围的城市共有11个，其中综合应用类城市8个（北京、南京、武汉、三亚、重庆、长春、合肥、济南），重卡特色类3个（宜宾、唐山、包头）。

（15）监管环境

2021年，国家市场监督管理局发布《电动汽车换电安全要求》，有助于提升使用换电技术的电动车在机械强度、电气安全、环境适应性等方面的安全水平，保障换电电动汽车的安全性。2019年4月，《城市公共设施、电动汽车充换电设施运营管理服务规范》发布，对换电站运营提出了具体规范要求。

（16）金融环境

金融激励——2020年，财政部的新能源补政策特意提出，支持“车电分离”等新型商业模式发展。同时，为鼓励“换电”新型商业模式发展，“换电模式”车辆不受补贴前售价30万元以下（含30万元）的规定限制[①]。

财政激励——2021年5月，国家发展改革委、国家能源局起草了《关于进一步提升充换电基础设施服务保障能力的实施意见（征求意见稿）》，推动主要应用领域形成统一的换电标准，优化对充换电基础设施的财政和税收支持政策[②]。

（17）合作环境

私营部门：软银中国资本管理有限公司、蔚来控股有限公司、宁德时代等投资者，腾讯科技有限公司、华为技术有限公司等互联网公司。

政府：地方政府已经开始对换电站运营给予一定的财政补贴与政策支持，特别是沿海地区，包括北京、上海、重庆和海南[③④⑤]。

（18）目标区域

河北、河南、内蒙古、浙江、江苏。

---

① 财政部，2020，关于进一步完善新能源汽车推广应用财政补贴政策的通知，http://www.gov.cn/zhengce/zhengceku/2020-12/31/content_5575906.htm.

② 国家发展改革委，国家能源局，2021，关于进一步提升充换电基础设施服务保障能力的实施意见（征求意见稿），https://www.ndrc.gov.cn/hdjl/yjzq/202105/P020210520358612965593.pdf.

③ 海南省发展和改革委员会，2021，海南省支持电动汽车换电站建设的指导意见（试行），https://www.hainan.gov.cn/u/solicitation/A2EC9FDC194109899D6E0B3839E2B3BF.

④ 重庆市经信委和财政局，2021，电动车换电站建设补贴方案，http://www.12365auto.com/news/20211018/464522.shtml.

⑤ 北京财政局和城市管理委员会，2021，北京市电动汽车社会公用充换电设施运营考核奖励暂行办法，https://weibo.com/ttarticle/p/show?id=2309404688984155750688.

八、未纳入地图，但具备发展潜力的IOA

此外，除了识别出十八个关键IOAs，“双碳”地图还识别出部分潜在投资机遇。尽管这些IOA具有很高的环境与社会价值，但在当前仍然存在一些阻碍投资规模化的因素，如这些IOA普遍面临的成本劣势。要想突破这一瓶颈，释放发展潜力，并实现市场扩张，政策和监管创新对进一步改善现行定价机制至关重要——低碳减排的环境正向外部性及其向成本优势的转化需要依靠一系列的政策工具来实现，如合理的财政干预和绿色金融政策激励措施。我们将持续关注这些潜在IOA的市场发展情况、政策发展环境以及可持续发展影响力因素，在条件允许的情况下，研究团队（研究员来自联合国开发计划署、兴业证券、Impact Intelligence）将积极探索与利益相关方合作，更新相关领域IOA信息，并有针对性地提出政策建议或商业方案。以下列出部分潜在投资机遇并做概览性简述。

1. 具有环境与社会价值，但当前商业可投性欠佳的IOA

1）钠离子工业电池：钠离子电池以其低成本、高安全性及其他优异电化学属性等优势，在储能、商用车以及部分乘用车中的应用空间广泛，能够成为锂资源的有效补充，加快各领域的电气化进程。2022年7月，全球首条GWh钠离子电池生产线在中国阜阳落成，总投资5.88亿元。然而，目前中国的钠离子电池产业链还处于初级阶段，产业布局尚不成熟，且面临材料欠佳、成本偏高、标准未定等问题，在未来相当长的时间内难以与锂离子电池直接抗衡，更可能承担补充或者备选角色。短期来看，投资钠离子电池产业的市场数据仍然比较匮乏，产业发展格局仍待进一步观察。

2）氢能与燃料电池汽车（FCV）：虽然在经济性方面暂不具备优势，但绿氢为改善交通、工业和能源三大领域的社会效益和环境效益提供了新的解决方案。燃料电池汽车与纯电动汽车互为补充，有助于实现交通运输领域脱碳。目前燃料电池系统仍然价格不菲，包括中国在内，燃料电池汽车的商业化刚刚起步，过去4年中国每年销售的燃料电池汽车仅在1 000辆与3 000辆之间。尽管如此，基于中国对交通运输业的脱碳需求，以及国家发展改革委和国家能源局在2022年3月联合印发的《氢能产业中长期规划（2021—2035年）》中设定的2025年达到5万辆的明确目标，预计燃料电池车辆市场规模将快速增长。此外，上述规划不仅针对交通运输业，还涉及工业和能源领域，重点是将清洁低碳作为氢能发展的基本原则，将可再生能源制氢作为中国制氢的主要发展方向。总体来看，绿氢的成本仍然高昂，但企业也逐渐偏好在终端用户附近建厂以节约成本，如在可再生能源丰富且廉价的化学工业区投资建厂。这些经济性更佳的措施有助于逐步淘汰化石能源制氢。

3）生物质成型燃料：生物质成型燃料是一种以农业废弃物、林业三剩物为原材料的新型清洁燃料，具有热值高、燃烧效率高、生产效率高、节能可再生等优势，是常规化石能源的优秀替代品。生物质成型燃料适应性强，下游应用涉及医药、纺织、印染、食品、造纸、塑料、化工等多个领域，在全球市场上主要用于供暖和发电。然而相比于已形成完整产业体系、进入成熟商业化阶段的欧洲，中国成型燃料行业起步较晚，中国生物质成型燃料的市场规模较小，投资收益率、投资回报周期等市场数据比较匮乏，投资前景暂不明朗。并且其也有较大的影响力风险，例如，由于原料来源把控不严、生产设备及工艺不同导致生物质成型燃料质量不高，可能会造成空气污染等问题。

2. 有发展影响力，但缺乏配套政策环境的IOA

林业碳汇：发展林业碳汇不仅能够激励森林经营者对森林进行科学经营和保护，通过增加森林面积和蓄积量来净化空气、防风固沙、调节气候、吸收二氧化碳，而且能盘活落后的林区、西部山区的绿色资产，拓展生态产品价值实现的路径，进而缓解地区发展不平衡问题，有潜力同时实现社会效益、生态效益和经济效益。随着中国森林蓄积量和森林覆盖率的提高，森林吸收固定二氧化碳量逐步增加，林业碳汇减碳效应凸显。但当前中国林业碳汇市场仍存在发展困境，林业碳汇项目在核证自愿减排量（CCER）项目中占比较小。目前获得中国国家主管部门备案的CCER项目中仅有15个林业碳汇项目，占总备案项目数量的2%。其未来发展也受限于目前的政策环境，中国国家发展改革委自2017年暂缓受理温室气体自愿减排交易方法学与项目申请后，尚未发布更新后的《温室气体自愿减排交易管理暂行办法》，且全国自愿减排交易中心仍在筹备阶段。除此之外，林业碳汇市场还面临计算核证方法不清晰、供应强需求弱、流动性差等问题，为推动林业碳汇向低碳转型贡献有效解决方案，并提供良好的商业机会，上述问题亟须进一步解决。

受众与应用场景

中国“双碳”投资地图

作为全人类共同的发展目标，SDGs不能仅作为对非财务绩效追溯和评估的框架，也必须是权衡可持续发展利弊的全球框架，以及有效配置资本的路线图。面对17个可持续目标的全方位多维度的挑战，所有的利益相关方都需要积极响应行动，将SDGs作为凝聚共识、沟通差异的全球共通话语体系进行沟通和合作，才能迈向并最终抵达自身及世界可持续发展的未来。

SDG投资者地图，包括本文所述的“双碳”投资地图，可作为项目全生命周期的战略、决策、追踪、披露等工具，为不同的利益相关方提供有价值的影响力信息，帮助投资或决策活动对SDGs作出贡献。针对不同群体，我们提出初步使用建议如下。

一、金融机构与投资者

对金融机构与投资者来说，投资者地图首先是一套决策工具，用于战略开发、投资标的识别等事前环节；通过提供项目区域位置、政策环境、商业模式、社会与环境影响力、利益相关方、风险因素等相关信息，帮助投资者权衡利弊，并筛选出最优组合（见图7）。需要指出的是，受研究颗粒度限制，本地图无法穷尽每项投资决策所需的具体细节信息。金融机构与投资者在使用本地图时，可根据机构实际情况酌情增加使用其他所需信息工具。

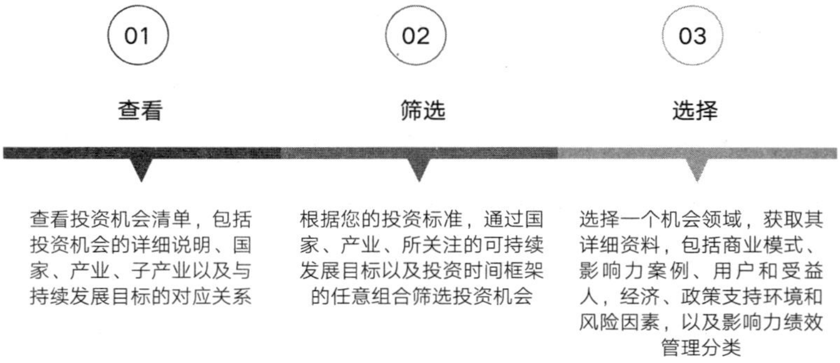

图7　投资者如何使用投资地图

（资料来源：《SDG Impact: Investment Solutions for Global Impact》）

其次，地图也可作为风险控制与影响力追踪、管理与披露的辅助工具，在投资活动的事中与事后环节发挥作用。我们在最大化数据可得性的前提下，为每项IOA都设定了发展需求、预期影响力目标、性别与边缘化人群滤镜以及影响力量化指标等多维度的“影响力模式”（Impact case），并在风险因素中同时列举了财务风险因素和环境、社会等非财务风险因素，投资者可参考这些信息点及其设置的维度，完善其现有风险控制、尽责管理与影响力披露范式，加强与SDG的一致性。

二、企业与项目持有者

对于企业与项目持有者来说，地图首先是一套能力建设工具。通过对地图“影响力模式”各维度信息点的学习，可加强企业对SDG的理解，改变自身的治理结构，引导企业将影响力管理纳入其生产经营流程，在企业运营发展、战略制定、财务预算等过程中纳入对SDGs

的考量，以进一步满足利益相关方对企业可持续转型的需求。在实践中，这可能意味着优先与中小企业签约，聘用那些在社会经济发展中落后的群体，通过经营活动增加女性参与社会经济活动的均等机会，降低供应链碳排放，提升供应商绿色与可持续发展意识等。

其次，地图对于企业与项目持有者来说，是一套披露工具。企业可尝试借鉴地图“影响力模式”中的各项要素，建立并完善自身社会与环境影响力评估和披露框架，通过积极透明的信息共享，吸引更多负责任投资者，为可持续项目拓宽融资渠道。

三、政策制定者、行业协会、智库、社会团体等

对于政策制定者、行业协会、智库、社会团体等利益相关方，地图还可创新性运用为一项诊断与分析工具。

所有列入地图的IOA必须同时从四个维度上进行考量，其中三个为具备较成熟的发展因素，即：（1）发展需求和潜在正向影响力；（2）政策环境支持；（3）市场前景和商业可投性（见图8）。对于未列入地图的IOA，可以从这三个维度入手，收集所需20个数据点，进行反向分析，诊断出阻碍其发展的症结，从而提出针对性解决办法。此外，对于已列入地图的IOA，在“影响力模式”板块，也列举出了其发展的“风险因素”，如政策壁垒、价格机制、技术瓶颈等。决策者和相关智力支持部门也可着重从这些风险因素入手，进一步开展研究分析工作，为这些IOA的进一步规模化发展出谋划策。

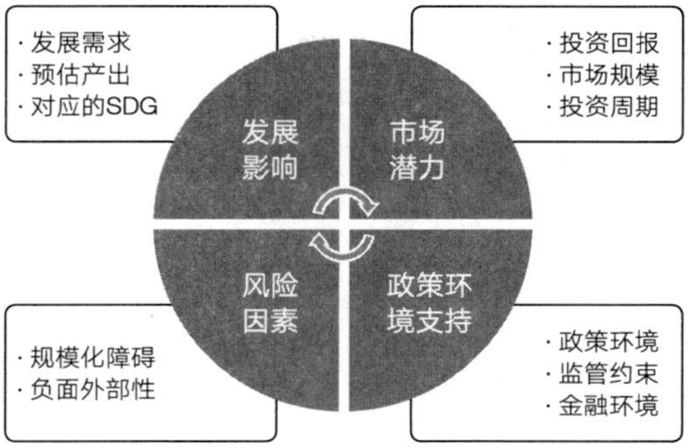

图8 识别判断IOA的4个维度

（资料来源：UNDP）

参考资料

[1] WCED, 1987, Report of the World Commission on Environment and Development: Our Common Future, https://sustainabledevelopment.un.org/content/documents/5987our-common-future.pdf.

[2] UN, 2015, Transforming our world: the 2030 Agenda for Sustainable Development, https://sdgs.un.org/2030agenda.

[3] 中国外交部，2021，中国落实2030年可持续发展议程进展报告（2021），http://foreignjournalists.fmprc.gov.cn/web/ziliao_674904/zt_674979/dnzt_674981/qtzt/2030kcxfzyc_686343/zw/202109/P020211019126076276210.pdf.

[4] World Economic Forum, 2020, New Nature Economy Report II: The Future of Nature and Business, https://www.weforum.org/reports/new-nature-economy-report-ii-the-future-of-nature-and-business.

[5] IRENA, 2021, Majority of New Renewables Undercut Cheapest Fossil Fuel on Cost, https://www.irena.org/newsroom/pressreleases/2021/Jun/Majority-of-New-Renewables-Undercut-Cheapest-Fossil-Fuel-on-Cost.

[6] IRENA, 2022, Renewable Energy and Jobs – Annual Review 2022, https://www.irena.org/publications/2022/Sep/Renewable-Energy-and-Jobs-Annual-Review-2022.

[7] 气候债券倡议组织，中央国债登记结算有限责任公司，2022，中国绿色债券市场报告（2021），https://www.climatebonds.net/files/reports/cbi_china_sotm_2021_chi_0.pdf.

[8] 索比光伏网，2021，中国2030风电光伏目标还有巨大提升空间，

https://news.solarbe.com/202102/05/334646.html.
[9] 国家发展改革委，财政部，住房和城乡建设部，市场监管总局，国家能源局，2020，关于清理规范城镇供水供电供气供暖行业收费促进行业高质量发展的意见，https://www.gov.cn/zhengce/zhengceku/2021-01/06/content_5577440.htm.
[10] 国家发展改革委，2021，《“十四五”循环经济发展规划》，http://www.gov.cn/zhengce/zhengceku/2021-07/07/5623077/files/34f0a690e98643119774252f4f671720.pdf.
[11] 新华社，2021，中华人民共和国国民经济和社会发展第十四个五年规划和2035年远景目标纲要，http://www.gov.cn/xinwen/2021-03/13/content_5592681.htm.
[12] 国务院，2021，国务院关于印发2030年前碳达峰行动方案的通知，http://www.gov.cn/zhengce/content/2021-10/26/content_5644984.htm.
[13] 中央政府网，2019，农村基础设施建设亟须提档升级，http://www.gov.cn/zhengce/2019-10/14/content_5439186.htm.
[14] 中国气象局，2020，气候变化与水资源安全，http://www.cma.gov.cn/2011xzt/2020zt/20200323/2020032307/202003/t20200318_549083.html.
[15] 国务院，2021，“十四五”节水型社会建设规划，http://www.gov.cn/zhengce/zhengceku/2021-11/09/5649875/files/146d1a6fcb7c42f3a4aad9dca6104719.pdf.
[16] 前瞻产业研究院，2021，2021年中国污水处理行业市场现状及发展前景分析，https://www.qianzhan.com/analyst/detail/220/210916-ae2ff2bd.html.
[17] 全国能源信息平台，2020，2020年中国污水处理行业市场现状及发展趋势分析，https://baijiahao.baidu.com/s?id=1681510465354422954&wfr=spider&for=pc.
[18] 洪城环境，2021，2020年年报，http://static.cninfo.com.cn/finalpage/2021-04-22/1209757050.PDF. 重庆水务，2021，2020年年报，http://static.cninfo.com.cn/finalpage/2021-04-02/1209615790.PDF. 北控水务，2021，公司债券2020年度报告，http://www.sse.com.cn/disclosure/bond/announcement/company/c/2021-04-28/2842116333400259677692464.pdf.

［19］北极星环保网，2014，2015年中国污水处理行业特点及发展趋势分析，https://huanbao.bjx.com.cn/news/20141203/569898.shtml.

［20］慧聪水工业网，2019，2019年中国污水处理行业市场格局，https://baijiahao.baidu.com/s?id=1647607267099068234&wfr=spider&for=pc.

［21］国家发展改革委，2021，《关于推进污水资源化利用的指导意见》https://www.ndrc.gov.cn/xwdt/tzgg/202101/t20210111_1264795_ext.html.

［22］全国人大，2017，中华人民共和国水污染防治法，http://www.npc.gov.cn/npc/sjxflfg/201906/863e41b43f744efda56b14762e28dc6f.shtml.

［23］国务院，2013，城镇排水与污水处理条例，http://www.gov.cn/flfg/2013-10/16/content_2508291.htm.

［24］国家发展改革委，2021，关于印发《污染治理和节能减碳中央预算内投资专项管理办法》的通知 http://www.gov.cn/zhengce/zhengceku/2021-05/19/content_5608645.htm.

［25］财政部，2021，关于公布《环境保护、节能节水项目企业所得税优惠目录（2021年版）》以及《资源综合利用企业所得税优惠目录（2021年版）》的公告，http://www.gov.cn/zhengce/zhengceku/2021-12/29/content_5665116.htm.

［26］财政部，2019，关于印发《城市管网及污水处理补助资金管理办法》的通知，http://www.gov.cn/xinwen/2019-07/03/content_5405556.htm.

［27］前瞻经济学人，2021，2021年中国水务行业市场现状与发展前景分析，https://baijiahao.baidu.com/s?id=1707069600809580447&wfr=spider&for=pc.

［28］国家发展改革委，2021，国家发展改革委 住房和城乡建设部修订印发城镇供水价格管理办法和定价成本监审办法，https://www.ndrc.gov.cn/fzggw/jgsj/zys/sjdt/202108/t20210813_1293659.html?code=&state=123.

［29］重庆水务，2021，2020年年报，http://static.cninfo.com.cn/finalpage/2021-04-02/1209615790.PDF.

［30］前瞻产业研究院，2021，中国自来水生产和供应行业市场前瞻与投资分析报告，https://www.qianzhan.com/analyst/detail/220/210804-

d6e76b4e.html.

［31］洪城环境，2021，2020年年报，http://static.cninfo.com.cn/finalpage/2021-04-22/1209757050.PDF. 兴蓉环境，2021，2020年年报，http://static.cninfo.com.cn/finalpage/2021-04-22/1209758596.PDF.

［32］夏保友，2013，水务项目的风险与控制，https://xueshu.baidu.com/usercenter/paper/show?paperid=e0b1e51666cbf5c3318413f47c86d3e2&site=xueshu_se&hitarticle=1.

［33］中国城镇水体污染治理工程技术应用中心，2021，2021年9月第二周最新全国自来水厂项目汇总，http://www.watermc.org/page122?article_id=870.

［34］航天科技，2021，城乡供水一体化当前发展现状及趋势，https://www.suntront.com/news/info41735.htm.

［35］国家发展改革委，2021，国家发展改革委等部门关于印发《“十四五”节水型社会建设规划》的通知，https://www.ndrc.gov.cn/xxgk/zcfb/ghwb/202111/t20211108_1303414_ext.html.

［36］国家发展改革委，水利部，2019，《国家节水行动方案》，http://www.gov.cn/gongbao/content/2019/content_5419221.htm.

［37］国务院，2020，城市供水条例，http://www.gov.cn/zhengce/2020-12/26/content_5575062.htm.

［38］国家发展改革委，住建部，2021，《城镇供水价格管理办法》，https://www.ndrc.gov.cn/xxgk/zcfb/fzggwl/202108/t20210806_1293274.html?code=&state=123.

［39］国家发展改革委，财政部，水利部，2015，《关于鼓励和引导社会资本参与重大水利工程建设运营的实施意见》，http://www.gov.cn/zhengce/2016-05/22/content_5075668.htm.

［40］住房和城乡建设部等五部门，2016，《关于进一步鼓励和引导民间资本进入城市供水、燃气、供热、污水和垃圾处理行业的意见》，http://www.nea.gov.cn/2016-10/21/c_135771836.htm.

［41］前瞻产业研究院，2021，2021年中国智慧水务行业全景图谱，https://www.qianzhan.com/analyst/detail/220/210723-37cff076.html.

［42］中国水网，2017，20个智慧水务案例详解，http://wx.h2o-china.com/

column/1275.html.

[43] 前瞻产业研究院，2022，2021年中国智慧水务行业市场规模及发展前景分析，https://bg.qianzhan.com/trends/detail/506/220113-3c324805.html.

[44] 南方财富网，2022，智慧水务十强企业名单，http://www.southmoney.com/gupiao/sjjh/202211/33086182.html.

[45] 每日经济新闻，2015，新天科技拟定增7.8亿 发展智慧云服务平台，http://finance.ce.cn/rolling/201512/08/t20151208_7374247.shtml.

[46] 前瞻产业研究院，2021，中国智慧水务行业市场深度报告，https://bg.qianzhan.com/trends/detail/506/211223-f3e43c30.html.

[47] 中大咨询，2021，智慧水务未来发展趋势及建议思考，https://baijiahao.baidu.com/s?id=1696374297395173536&wfr=spider&for=pc.

[48] 国家发展改革委，2020，关于加快落实新型城镇化建设补短板强弱项工作有序推进县城智慧化改造的通知，http://www.gov.cn/zhengce/zhengceku/2020-07/29/content_5530869.htm.

[49] 水利部，2019，《水利网信水平提升三年行动方案（2019—2021年）》，http://cn.chinagate.cn/news/2019-06/19/content_74899910.htm.

[50] 全国人大，2016，中华人民共和国网络安全法，http://www.npc.gov.cn/npc/c30834/201611/270b43e8b35e4f7ea98502b6f0e26f8a.shtml.

[51] 水利部，2017，《水利部信息化建设与管理办法》，http://xxzx.mwr.gov.cn/xxgk/zcfg/201711/t20171122_1014578.html.

[52] 水利部，2018，水利部印发《加快推进新时代水利现代化的指导意见》，http://www.gov.cn/xinwen/2018-02/19/content_5267619.htm.

[53] 前瞻产业研究院，2021，2021年中国及31省市智慧水务行业政策汇总及解读，https://www.qianzhan.com/analyst/detail/220/210707-5ed6c3cf.html.

[54] 国家发展改革委，住房和城乡建设部，2021，“十四五”城镇生活垃圾分类和处理设施发展规划，https://www.ndrc.gov.cn/xwdt/tzgg/202105/P020210513624071907544.pdf.

[55] 国务院，2021，关于加快建立健全绿色低碳循环发展经济体系的指导意见，http://www.gov.cn/zhengce/content/2021-02/22/content_

5588274.htm.

[56] 前瞻产业研究院，2022，一文深度了解2022年我国危废处理行业市场现状、竞争格局及发展趋势，https://www.chinacace.org/news/view?id=13794.

[57] 生态环境部，2019，《关于提升危险废物环境监管能力、利用处置能力和环境风险防范能力的指导意见》，https://www.mee.gov.cn/xxgk2018/xxgk/xxgk03/201910/t20191021_738260.html.

[58] 东江环保，2021，2020年度报告，http://www.cninfo.com.cn/new/disclosure/detail?plate=szse&orgId=gshk0008230&stockCode=002672&announcementId=1209476240&announcementTime=2021-03-30.

[59] 前瞻产业研究院，2019，中国危废处理行业市场前瞻与投资战略规划分析报告，https://bg.qianzhan.com/report/detail/300/191009-541ee09d.html.

[60] 高能环境，2021，2020年年报，http://static.cninfo.com.cn/finalpage/2021-04-09/1209661866.PDF.

[61] 兴业证券，2020，危废行业深度报告：看似寻常最奇崛，成如容易却艰辛，https://www.sohu.com/a/392691583_99900352.

[62] 王琪，2018，危废处置行业面临三大风险，https://huanbao.bjx.com.cn/news/20181211/947991.shtml.

[63] 华经情报网，2021，2020年中国危废行业现状分析，企业产能利用率低，https://baijiahao.baidu.com/s?id=1707779699948807224&wfr=spider&for=pc.

[64] 蔡佳楠，2018，危废处置产能不足及区域供需错配待改善，https://xueshu.baidu.com/usercenter/paper/show?paperid=105c0jc00b2w0vd007490vp0w1387974&site=xueshu_se.

[65] 国务院办公厅，2021，《关于印发强化危险废物监管和利用处置能力改革实施方案的通知》，http://www.gov.cn/zhengce/content/2021-05/25/content_5611696.htm.

[66] 生态环境部，2020，《关于推进危险废物环境管理信息化有关工作的通知》，https://www.mee.gov.cn/xxgk2018/xxgk/xxgk06/202012/t20201231_815647.html.

[67] 国家发展改革委，2021，《关于“十四五”大宗固体废弃物综合利用的指导意见》，http://www.gov.cn/zhengce/zhengceku/2021-03/25/content_5595566.htm.

[68] 生态环境部，2020，《危险废物鉴别技术规范》，https://www.mee.gov.cn/ywgz/fgbz/bz/bzwb/gthw/wxfwjbffbz/201911/t20191115_742662.shtml.

[69] 生态环境部，2021，《一般工业固体废物贮存和填埋污染控制标准》，https://www.mee.gov.cn/ywgz/fgbz/bz/bzwb/gthw/gtfwwrkzbz/202012/t20201218_813927.shtml.

[70] 中国证监会，2020，中国证监会 国家发展改革委关于推进基础设施领域不动产投资信托基金（REITs）试点相关工作的通知，http://www.gov.cn/zhengce/zhengceku/2020-05/03/content_5508587.htm.

[71] 观研天下，2022，我国新能源环卫车行业驱动因素分析，http://www.360doc.com/content/22/0610/16/13672581_1035470835.shtml.

[72] 搜狐新闻，2020，宇通新能源环卫整体解决方案发布，https://www.sohu.com/na/432130132_120072758.

[73] 盈峰环境，2021，2020年年报，http://static.cninfo.com.cn/finalpage/2021-04-23/1209772822.PDF. 福龙马，2021，2020年年报，http://static.cninfo.com.cn/finalpage/2021-04-08/1209648048.PDF. 宇通重工，2021，2020年年报，http://static.cninfo.com.cn/finalpage/2021-04-02/1209625602.PDF.

[74] 泓域Macro，2018，新能源汽车投资项目可行性研究报告，https://www.docin.com/p-2110057986.html.

[75] 前瞻产业研究院，2021，2021年—2022年环保设备行业发展分析与方向预测，https://baijiahao.baidu.com/s?id=1714013163784137871&wfr=spider&for=pc.

[76] 欧国立，宁静，2022，促进我国公路运输绿色低碳发展的政策与路径，http://sdg-china.net/NewsList/info.aspx?itemid=68103.

[77] 国家发展改革委，2021，《公共领域车辆电动化行动计划（2021—2023年）》，http://fzggw.ah.gov.cn/public/7011/145294651.html.

[78] 国家发展改革委办公厅，2020，《印发新能源汽车产业发展规划

（2021—2035年）》，http://www.gov.cn/zhengce/content/2020-11/02/content_5556716.htm.

[79] 国家发展改革委，2020，《关于扩大战略性新兴产业投资培育壮大新增长点的指导意见》，https://www.ndrc.gov.cn/xxgk/zcfb/tz/202009/t20200925_1239582.html?code=&state=123.

[80] 工业和信息化部，2022，《关于进一步加强新能源汽车企业安全体系建设的指导意见》，http://www.gov.cn/zhengce/zhengceku/2022-04/09/content_5684250.htm.

[81] 住建部，2021，关于发布国家标准《农村生活垃圾收运和处理技术标准》的公告，http://www.gov.cn/zhengce/zhengceku/2021-05/21/content_5640033.htm.

[82] 国家发展改革委，2022，《关于印发促进工业经济平稳增长的若干政策的通知》，https://www.ndrc.gov.cn/xwdt/tzgg/202202/t20220218_1315823.html?code=&state=123.

[83] 财政部，工业和信息化部，科技部，国家发展改革委，2020，关于完善新能源汽车推广应用财政补贴政策的通知，http://www.gov.cn/zhengce/zhengceku/2020-04/23/content_5505502.htm.

[84] 中国电力企业联合会，2021，电力统计基本数据，https://www.cec.org.cn/upload/1/editor/1640595481946.pdf.

[85] 中国期刊网，2021，我国农村电网发展现状及问题研究，http://www.chinaqking.com/yc/2021/3052106.html.

[86] 国网电子商务平台，2021，国家电网有限公司2021年第二十三批采购https://ecp.sgcc.com.cn/ecp2.0/portal/#/doc/doci-bid/2021041958475007_2018032700291334.

[87] 前瞻产业研究院，2021，2022年中国智能电网行业全景图谱，https://www.qianzhan.com/analyst/detail/220/211110-9f5f794b.html.

[88] 林洋能源，2021，2020年年报，https://pdf.dfcfw.com/pdf/H2_AN202104221487066201_1.pdf. 海兴电力，2021，2020年年报，http://static.cninfo.com.cn/finalpage/2021-04-12/1209671987.PDF. 炬华科技，2021，2020年年报，http://static.cninfo.com.cn/finalpage/2021-04-07/1209643444.PDF.

[89] 炬华科技，2016，非公开发行股票预案（修订稿），http://static.cninfo.com.cn/finalpage/2016-11-09/1202820200.PDF. 科陆电子，2015，2015年度非公开发行股票预案（修订稿），http://static.cninfo.com.cn/finalpage/2015-10-29/1201736208.PDF. 国电南瑞，2009，非公开发行A股股票预案，https://pdf.dfcfw.com/pdf/H2_AN201202290004476360_1.pdf?1363378357000.pdf.

[90] 前瞻产业研究院，2020，中国智能电表行业市场现状及竞争格局分析，https://www.qianzhan.com/analyst/detail/220/201201-b67c4bcd.html.

[91] 中共中央办公厅，国务院办公厅，2019，数字乡村发展战略纲要，http://www.gov.cn/zhengce/2019-05/16/content_5392269.htm.

[92] 国家能源局，2020，国家能源局综合司关于公开征求《关于建立健全清洁能源消纳长效机制的指导意见（征求意见稿）》意见的公告，http://www.nea.gov.cn/2020-05/19/c_139069819.htm.

[93] 仪表网，2020，寿命从10年提高到16年，智能电表市场会怎么变？，https://www.ybzhan.cn/news/detail/87444.html.

[94] 国家质量监督检验检疫总局，2008，制造、修理计量器具许可监督管理办法，https://www.pkulaw.com/chl/3d7d8e4fb3bbd5adbdfb.html?keyword=%E5%88%B6%E9%80%A0%E3%80%81%E4%BF%AE%E7%90%86%E8%AE%A1%E9%87%8F%E5%99%A8%E5%85%B7%E8%AE%B8%E5%8F%AF%E7%9B%91%E7%9D%A3%E7%AE%A1%E7%90%86%E5%8A%9E%E6%B3%95&way=listView.

[95] 北极星输配电网，2014，国网天津电科院：承担编制的配电自动化国网标准正式发布，https://news.bjx.com.cn/html/20140925/550225.shtml.

[96] 国家发展改革委、国家能源局，2015，国家发展改革委 国家能源局关于促进智能电网发展的指导意见，http://www.nea.gov.cn/2015-07/07/c_134388049.htm.

[97] 国家电网，2010，关于加快推荐坚强智能电网建设的意见，https://wenku.baidu.com/view/cda5420cbb68a98271fefa65.html.

[98] IT桔子，2021，想实电子，https://www.itjuzi.com/company/61844. IT桔子，2021，林洋电子，https://www.itjuzi.com/company/72572.

[99] 宋垚，2022，国网“十四五”特高压加速，一文带你读懂特高压 https://wallstreetcn.com/articles/3649806

[100] 许继电气，2021，2020年度报告，https://robo.datayes.com/v2/details/announcement/35437019.

[101] 华经情报网，2020，中国特高压电器行业发展现状及趋势分析，产业技术不断提升，https://baijiahao.baidu.com/s?id=1686756165366566025&wfr=spider&for=pc. 头豹研究院，2020，2020年中国特高压电器行业概览，https://www.leadleo.com/report/details?id=5ea65fc54d4eff21508e9057.

[102] 万保权等，2009，特高压变电站的电磁环境影响，https://xueshu.baidu.com/usercenter/paper/show?paperid=20c7ceeedde5417edfc1219d5ae39bb3&site=xueshu_se.

[103] 国家能源局，2021，国家能源局关于印发《2021年能源工作指导意见》的通知，http://www.nea.gov.cn/2021-04/22/c_139898478.htm.

[104] 国家电网，2020，2020年重点工作任务，https://shupeidian.bjx.com.cn/html/20200226/1047999.shtml.

[105] 国家能源局，2021，关于开展酒湖特高压直流等典型电网工程投资成效监管工作的通知，http://nyjsw.org.cn/show-76083.html.

[106] 国家标准化管理委员会，2021，2021年全国标准化工作要点，http://dsj.guizhou.gov.cn/zwgk/xxgkml/zcwj/zcfg/202104/t20210415_67825577.html.

[107] 金杜研究院，2020，新基建背景下的特高压相关政策及投建合规点分析，http://www.china-cer.com.cn/xinjijian/202004284491_3.html.

[108] 国务院，2014，国务院关于创新重点领域投融资机制鼓励社会投资的指导意见，http://www.gov.cn/zhengce/content/2014-11/26/content_9260.htm.

[109] 前瞻产业研究院，2022，中国电动汽车充电桩行业发展前景预测与投资战略规划分析报告，https://www.hemeirv.com/cars_1024527.

[110] 特来电，2021，2020年年报，https://aiqicha.baidu.com/annualreport?pid=20144708027057&year=2020.

[111] 头豹研究院，2020，新基建重点发展方向——充电桩产业链全解

析，https://xueqiu.com/9316031167/149090615.

［112］科士达，2021，2020年年报，https://data.eastmoney.com/notices/detail/002518/AN202103301478624913.html. 盛弘股份，2021，2020年年报，http://static.cninfo.com.cn/finalpage/2021-04-27/1209817234.PDF. 奥特迅，2021，2020年年报，http://static.cninfo.com.cn/finalpage/2020-07-25/1208075471.PDF.

［113］特锐德，2020，创业板向特定对象发行股票预案，http://static.cninfo.com.cn/finalpage/2020-09-04/1208389535.PDF. 易事特，2020，创业板非公开发行A股股票预案，http://file.finance.sina.com.cn/211.154.219.97:9494/MRGG/CNSESZ_STOCK/2020/2020-3/2020-03-07/5925780.PDF. 科陆电子，2015，2015年度非公开发行股票预案，http://static.cninfo.com.cn/finalpage/2015-10-29/1201736208.PDF.

［114］头豹研究院，2020，2020年中国新能源汽车充电桩行业概览，https://www.docin.com/p-2574299879.html.

［115］新京报，2021，中汽协王耀采访，https://chejiahao.autohome.com.cn/info/9741505.

［116］中研网，2021，中国充电桩建设政策规划 2022中国充电桩数量规模及未来需求前景，https://www.chinairn.com/hyzx/20211130/125952394.shtml.

［117］中商情报网，2021，2021年中国充电桩行业市场现状及发展趋势预测分析，https://www.askci.com/news/chanye/20210904/1539401577947_5.shtml.

［118］世界资源研究所，2020，中国新能源汽车规模化推广对电网的影响分析：新能源汽车如何更友好地接入电网系列，https://www.wri.org.cn/report/2020/06/Quantifying-the-Grid-Impacts-CN.

［119］中国新闻周刊，2021，为充电排队4小时，新能源车主在高速上有多囧？，https://mp.weixin.qq.com/s/JGvx5iG1MeaxO4bpuSqNjg.

［120］市场监管总局，2021，市场监管总局办公厅关于开展民生计量专项行动的通知，https://gkml.samr.gov.cn/nsjg/jls/202103/t20210329_327380.html.

［121］国家发展改革委，2022，国家发展改革委等部门关于进一步提升

电动汽车充电基础设施服务保障能力的实施意见，https://www.ndrc.gov.cn/xxgk/zcfb/ghxwj/202201/t20220121_1312634.html?code=&state=123.

[122] 国家发展改革委，2021，国家发展改革委关于印发《“十四五”生物经济发展规划》的通知，http://www.gov.cn/zhengce/zhengceku/2022-05/10/content_5689556.htm.

[123] 中国石油新闻中心，2021，推动废弃油脂制生物燃料产业发展，http://news.cnpc.com.cn/system/2021/09/28/030045895.shtml.

[124] 全国团体标准信息平台，2021，《生物柴油 B100》团体标准编制说明，https://www.ttbz.org.cn/upload/file/20210714/6376185322168711751068116.pdf.

[125] 卓越新能，2022，2021年年度报告，http://www.cninfo.com.cn/new/disclosure/detail?plate=sse&orgId=9900029007&stockCode=688196&announcementId=1212705676&announcementTime=2022-03-29. 卓越新能，2019，公司招股书，http://www.cninfo.com.cn/new/disclosure/detail?plate=sse&orgId=9900029007&stockCode=688196&announcementId=1207092002&announcementTime=2019-11-15.

[126] 中国石油和化学工业联合会化工数据网，2022，2022年度柴油市场发展报告，http://www.cpcifdata.org/template/Preview.jsp?ChID=0402&NewsID=2022062324.

[127] 嘉澳环保，2021，2020年度报告，http://static.sse.com.cn/disclosure/listedinfo/announcement/c/new/2021-04-30/603822_20210430_14.pdf. 隆海生物，2020，2020年半年度报告，http://www.cninfo.com.cn/new/disclosure/detail?plate=neeq&orgId=gfbj0836344&stockCode=836344&announcementId=1208197864&announcementTime=2020-08-17.

[128] 李顶杰，2021，中国生物柴油产业发展现状及建议，https://kns.cnki.net/kcms/detail/detail.aspx?dbcode=CJFD&dbname=CJFDLAST2021&filename=GJJJ202108012&uniplatform=NZKPT&v=Zxy_nGTAa3z-xW6j0jIWdSqOpk7t6NAStLmpFHjHMQb65L5WJqmGrSxxyAZlMbrK.

[129] 前瞻产业研究院，2021，2021—2026年中国生物柴油行业市场前瞻与投资战略规划分析报告，https://bg.qianzhan.com/trends/detail/506/210729-22247f73.html.

[130] 刘少华，2014，高原缺氧环境下生物质燃料对柴油机性能和排放的影响，http://www.cnki.com.cn/Article/CJFDTotal-NYGU201413007.htm.

[131] 国家能源局，2014，生物柴油产业发展政策，http://zfxxgk.nea.gov.cn/auto83/201501/t20150123_1882.htm.

[132] 国务院新闻办公室，2020，《新时代的中国能源发展》白皮书，http://www.gov.cn/zhengce/2020-12/21/content_5571916.htm.

[133] 国家发展改革委，国家能源局，2022，关于印发《"十四五"现代能源体系规划》的通知，http://www.gov.cn/zhengce/zhengceku/2022-03/23/content_5680759.htm.

[134] 全国人大，2006，可再生能源法，http://www.gov.cn/ziliao/flfg/2005-06/21/content_8275.htm.

[135] 国家能源局，2021，关于生物柴油政策咨询的回复，http://www.nea.gov.cn/2021-09/27/c_1310212584.htm.

[136] 国家能源局，2017，《GB 25199—2017 B5柴油国家标准》，https://openstd.samr.gov.cn/bzgk/gb/newGbInfo?hcno=895FE9C964F74BB1B0D872DDFF3C861B.

[137] 上海市发展和改革委员会等，2021，上海市支持餐厨废弃油脂制生物柴油推广应用管理办法，https://fgw.sh.gov.cn/fgw_gfxwj/20211123/8acf7d3bee904b8587cefd3fa37d3655.html.

[138] 前瞻经济学人，2021，生物柴油行业产业链全景梳理及区域热力地图，https://xw.qianzhan.com/analyst/detail/220/210927-7ea7c80b.html

[139] 人民网上海，2018，上海石油生物柴油业务消化"地沟油"3万吨，http://sh.people.com.cn/n2/2020/0612/c134768-34083491.html.

[140] 维普期刊专业版，2005，《太阳能光伏发电可再生能源——可循环的清洁能源》，http://qikan.cqvip.com/Qikan/Article/Detail?id=11716882&from=Qikan_Search_Index.

[141] 央视财经，2020，光伏发电的平价时代到了吗？，https://mp.weixin.qq.com/s/2ORooQlg9MDlzsbHGH5xww.

[142] 索比光伏网，2021，光伏发展存在三大瓶颈问题，https://news.solarbe.com/202107/30/342436.html.

[143] Pvinfolink，2021，N型高效电池技术进展与展望，https://www.infolink-

group.com/energy-article/cn/High-efficiency-n-type-cell-technology-Development-and-prospects.

[144] 北极星太阳能光伏网，2021，总投资30亿元 苏州潞能HJT电池、TOPCon电池及组件项目开工，https://guangfu.bjx.com.cn/news/20210308/1140183.shtml.

[145] 爱旭股份，2021，2021年度非公开发行A股股票预案（三次修订稿），http://www.cninfo.com.cn/new/disclosure/detail?plate=sse&orgId=gssh0600732&stockCode=600732&announcementId=1211147394&announcementTime=2021-09-25. 隆基股份，2021，关于公开发行可转换公司债券申请文件反馈意见的回复（修订稿），http://static.cninfo.com.cn/finalpage/2021-09-24/1211136005.PDF.

[146] 中国能源网，2019，太阳能光伏发电有哪些优缺点？，https://solar.in-en.com/html/solar-2326665.shtml.

[147] 刘世宇，陈俊杰，2021，“十四五”新能源消纳形势分析与建议，https://guangfu.bjx.com.cn/news/20210918/1177646.shtml.

[148] 工业和信息化部，2021，《智能光伏产业创新发展行动计划（2021—2025）》，http://www.gov.cn/zhengce/zhengceku/2022-01/05/content_5666484.htm.

[149] 全国人大，2013，《中华人民共和国可再生能源法（修正本）》，http://www.npc.gov.cn/zgrdw/npc/zt/qt/2015zhhbsjx/2013-12/04/content_1935957.htm.

[150] 工业和信息化部，2013，《光伏制造行业规范条件》，https://www.miit.gov.cn/xwdt/gxdt/ldhd/art/2020/art_051f4d608dd44286a9fc53a84320f103.html.

[151] 国家发展改革委，2021，《关于引导加大金融支持力度 促进风电和光伏发电等行业健康有序发展的通知》，https://www.ndrc.gov.cn/xxgk/zcfb/tz/202103/t20210312_1269410.html?code=&state=123.

[152] 国家发展改革委，2021，《西部地区鼓励类产业目录（2020年本）》，http://www.gov.cn/gongbao/content/2021/content_5598119.htm.

[153] 国家发展改革委，2020，关于印发《绿色技术推广目录（2020年）》的通知，http://www.gov.cn/zhengce/zhengceku/2021-01/08/content_5578253.htm.

[154] 国际金融报，2020，光伏概念大爆发！众多机构投资者抱团龙头企业，https://www.ifnews.com/news.html?aid=120205.

[155] 前瞻产业研究院，2021，2021年中国及31省市光伏发电行业政策汇总及解读，https://www.qianzhan.com/analyst/detail/220/211026-94e921f2.html.

[156] 华泰证券，2022，分布式光伏：下一个蓝海市场，http://finance.sina.com.cn/stock/stockzmt/2022-02-16/doc-ikyamrna0999864.shtml.

[157] 芯能科技，2021，2021年第三季度报告，http://www.cninfo.com.cn/new/disclosure/detail?plate=sse&orgId=gfbj0833677&stockCode=603105&announcementId=1211371898&announcementTime=2021-10-26. 芯能科技，2021，2020年年度报告，http://www.cninfo.com.cn/new/disclosure/detail?plate=sse&orgId=gfbj0833677&stockCode=603105&announcementId=1209729457&announcementTime=2021-04-20. 芯能科技，2021，2021年半年度报告，http://www.cninfo.com.cn/new/disclosure/detail?plate=sse&orgId=gfbj0833677&stockCode=603105&announcementId=1210826687&announcementTime=2021-08-24.

[158] 芯能科技，2018，首次公开发行股票招股说明书，http://www.cninfo.com.cn/new/disclosure/detail?plate=sse&orgId=gfbj0833677&stockCode=603105&announcementId=1205093117&announcementTime=2018-06-26.

[159] 晶科科技，2021，可转债说明书，http://www.cninfo.com.cn/new/disclosure/detail?plate=sse&orgId=9900038390&stockCode=601778&announcementId=1209740579&announcementTime=2021-04-21. 晶科科技，2021，关于公司及全资子公司签署合作框架协议的公告，http://www.cninfo.com.cn/new/disclosure/detail?plate=sse&orgId=9900038390&stockCode=601778&announcementId=1211586593&announcementTime=2021-11-16.

[160] 国家发展改革委，2021，国家发展改革委关于2021年新能源上网电价政策有关事项的通知，http://www.gov.cn/zhengce/zhengceku/2021-06/11/content_5617297.htm.

[161] 陈新辉，彭筱喆，2019，我国分布式光伏发电投资风险分析，https://kns.cnki.net/kcms/detail/detail.aspx?dbcode=CJFD&db

name=CJFDLAST2019&filename=TYNZ201910001&uniplatform=NZKPT&v=A-DWY8lxtSMV5SzaJgTvv7I-qKGtcwzWMBeu_GJur4yX3z8qdDKjbxXc12_ZWQym.

[162] 马春兰，2020，试论分布式光伏项目规模化发展问题及对策，https://kns.cnki.net/kcms/detail/detail.aspx?dbcode=CJFD&dbname=CJFDLAST2020&filename=HNSL202004040&uniplatform=NZKPT&v=RlSuUeaBNRXsnR4fWNTScfNu3AW143Ci7KV5GB7o7WNrOX9LMNkXcM_ed5ZkD79x.

[163] 国家能源局，2021，关于报送整县屋顶分布式光伏开发试点方案的通知，http://www.chic.org.cn/home/index/detail?id=1100. 国家能源局，2021，关于公布整县（市、区）屋顶分布式光伏开发试点名单的通知，http://zfxxgk.nea.gov.cn/2021-09/08/c_1310186582.htm.

[164] 工业和信息化部，2021，光伏制造行业规范条件（2021年本），https://www.miit.gov.cn/jgsj/dzs/wjfb/art/2021/art_f4ad5ce6359a457395cfe931c69bd777.html.

[165] 陕西省发展和改革委员会，2021，关于开展分布式光伏整县推进试点工作的通知，http://sndrc.shaanxi.gov.cn/fgwj/2021nwj/euIJBj.htm. 江西省发展和改革委员会，2021，关于开展户用光伏整体推进试点工作的通知，https://guangfu.bjx.com.cn/news/20210615/1158077.shtml.

[166] 非洲开发银行等，2022，多边开发银行可持续发展融资联合报告，https://www.isdb.org/sites/default/files/media/documents/2022-02/MDBs%20Report%20on%20SDGs_vf.pdf.

[167] 叶伟，2021，政策与市场怎样驱动光伏建筑一体化站上风口，http://paper.chinahightech.com/pc/content/202111/08/content_44766.html.

[168] 中信博，2020，招股说明书，https://pdf.dfcfw.com/pdf/H2_AN202008231400780691_1.pdf.

[169] 秀强股份，2021，2021年度向特定对象发行A股股票募集说明书（申报稿），https://pdf.dfcfw.com/pdf/H2_AN202207291576682155_1.pdf?1659111449000.pdf.

[170] 秀强股份，2021，2021年度向特定对象发行A股股票预案(三次修订稿)，https://pdf.dfcfw.com/pdf/H2_AN202204211560688787_1.pdf?1650570201000.pdf.

[171] 中国经济网，2021，隆基股份溢价三成收购森特股份27%股权，成第二大股东加码BIPV产品布局，https://baijiahao.baidu.com/s?id=1693624253463231391&wfr=spider&for=pc.

[172] 索比光伏网，2020，东方日升：江苏金坛基地BIPV项目已并网运行，收益率达到14.8%，https://news.solarbe.com/202008/13/329099.html.

[173] 索比光伏网，2020，破局BIPV“内冷外热”千亿蓝海有挑战更有未来，https://news.solarbe.com/202009/01/329902.html.

[174] 中国能源网，2021，双碳目标下，BIPV迎来历史性发展机遇，https://www.china5e.com/news/news-1127676-1.html.

[175] IRENA，2021，Renewable Energy Policies for Cities，https://www.irena.org/publications/2021/May/Renewable-Energy-Policies-for-Cities.

[176] 国家发展改革委，国家能源局，2022，《国家发展改革委、国家能源局关于完善能源绿色低碳转型体制机制和政策措施的意见》，https://www.ndrc.gov.cn/xxgk/zcfb/tz/202202/t20220210_1314511_ext.html.

[177] 住房和城乡建设部，2022，关于印发“十四五”建筑节能与绿色建筑发展规划的通知，http://www.gov.cn/zhengce/zhengceku/2022-03/12/content_5678698.htm.

[178] 住房和城乡建设部，2019，关于发布国家标准《近零能耗建筑技术标准》的公告，https://www.mohurd.gov.cn/gongkai/zhengce/zhengcefilelib/201905/20190530_240712.html.

[179] 前瞻经济学人，2022，2022年中国BIPV行业全景图谱，https://www.qianzhan.com/analyst/detail/220/220418-810cfd55.html.

[180] 住房和城乡建设部，2021，关于发布国家标准《建筑节能与可再生能源利用通用规范》的公告，https://www.mohurd.gov.cn/gongkai/fdzdgknr/zfhcxjsbwj/202110/20211013_762460.html.

[181] 北京市发展和改革委员会，2020，《关于进一步支持光伏发电系统推广应用的通知》，http://www.beijing.gov.cn/zhengce/zhengcefagui/202011/t20201119_2140267.html.

[182] 搜狐新闻，2021，14省市发布光伏建筑一体化（BIPV）政策，https://www.sohu.com/a/505980030_121123904.

[183] 世界经济论坛，2022，These are the countries bidding to become wind power

superpowers，https://www.weforum.org/agenda/2022/03/offshore-onshore-wind-power-auction-capacity/.

[184] 前瞻产业研究院，2023，《中国风电行业市场前瞻与投资战略规划分析报告》，https://bg.qianzhan.com/report/detail/f7fa9c50850a4f16.html?v=footer2.

[185] 全球新能源网，风力发电机多大风发电，怎么计算风速，http://www.xny365.com/zhuanjia/article-53293.html.

[186] 朱凌志，陈宁，韩华玲，2011，风电消纳关键问题及应对措施分析，https://xueshu.baidu.com/usercenter/paper/show?paperid=0692795028f16bef8dda03e724aba84b&site=xueshu_se.

[187] 湖南省生态环境厅，2015，什么是海上风电，http://sthjt.hunan.gov.cn/sthjt/ztzl/lwhjr/hbzs/201506/t20150603_4632725.html.

[188] 北极星风力发电网，2020，2030年欧洲海上风电市场展望！，https://news.bjx.com.cn/html/20200918/1105281.shtml.

[189] 三峡能源，2021，招股说明书，http://www.cninfo.com.cn/new/disclosure/detail?plate=sse&orgId=9900016549&stockCode=600905&announcementId=1209936204&announcementTime=2021-05-07.

[190] 中国证券报，2022，“十四五”装机量有望超预期 海上风电产业景气度高企，http://www.zqrb.cn/finance/hangyedongtai/2022-11-16/A1668550698416.html.

[191] 中闽能源，2021，2020年年度报告，http://www.cninfo.com.cn/new/disclosure/detail?plate=sse&orgId=gssh0600163&stockCode=600163&announcementId=1209841202&announcementTime=2021-04-28. 福能股份，2021，关于莆田平海湾F区和莆田石城海上风电项目并网发电的公告，http://www.cninfo.com.cn/new/disclosure/detail?plate=sse&orgId=gssh0600483&stockCode=600483&announcementId=1210483496&announcementTime=2021-07-15. 节能风电，2021，2020年年度报告，http://www.cninfo.com.cn/new/disclosure/detail?plate=sse&orgId=9900029306&stockCode=601016&announcementId=1209358601&announcementTime=2021-03-10. 江苏新能，2021，2020年年度报告，http://www.cninfo.com.cn/new/disclosure/detail?plate=sse&orgId=gfbj0833368&stockCode=603693&announcementId=1209810338&announc

ementTime=2021-04-27.

[192] 国际风力发电网，2021，海上风电是时代的弄潮儿，https://wind.in-en.com/html/wind-2409182.shtml.

[193] 宁波日报，2021，宁波首个海上风电项目建成投产，https://www.ningbo.gov.cn/art/2021/12/24/art_1229196404_59042026.html.

[194] 国际风力发电网，2021，最新报告：海上风电瓶颈在这里！，https://wind.in-en.com/html/wind-2399283.shtml.

[195] 中天科技，2021，中天科技子公司拟与广东金风科技设立海上风电工程合资公司，https://ggjd.cnstock.com/company/scp_ggjd/tjd_ggkx/202112/4797467.htm.

[196] 未来智库，2021，海上风电专题研究：全球市场展望及重点产业链介绍 https://baijiahao.baidu.com/s?id=1715460219779587367&wfr=spider&for=pc.

[197] 北极星风力发电网，2021，北京国际风能大会《风电回顾与展望2021》，https://news.bjx.com.cn/html/20211029/1184630.shtml.

[198] 张子瑞，2019，头部风机企业盈利模式悄然生变，https://wap.cnki.net/touch/web/Newspaper/Article/SHCA201906240090.html.

[199] 全国新能源消纳监测预警中心，2021，2020年四季度全国新能源电力消纳评估分析，https://baijiahao.baidu.com/s?id=1691034856287140013&wfr=spider&for=pc.

[200] 金风科技，2021，2021年半年报，http://static.cninfo.com.cn/finalpage/2021-08-21/1210821430.PDF. 运达股份，2021，2021年半年报，http://static.cninfo.com.cn/finalpage/2021-08-28/1210901754.PDF. 明阳智能，2021，2021年半年报，http://static.cninfo.com.cn/finalpage/2021-08-20/1210793558.PDF.

[201] 明阳智能，2019，招股说明书，http://static.cninfo.com.cn/finalpage/2019-01-10/1205719531.PDF.

[202] 国际风力发电网，2021，2021年风电行业发展研究报告，https://wind.in-en.com/html/wind-2413240.shtml.

[203] 北极星风力发电网，2020，风能行业女性劳动力中只占21%，https://news.bjx.com.cn/html/20200227/1048174.shtml.

[204] IRENA，2019，《风电的未来——风电的开发利用、投资、技术、并

网以及社会经济效益》，https://www.irena.org/-/media/Files/IRENA/Agency/Publication/2019/Oct/IRENA_Future_of_wind_2019_summ_CH.pdf?la=en&hash=9EA292792EC04AF45CB7C05A6161F343CD242FEF.

[205] 北极星风力发电网，2020，百万吨级风机叶片的回收后处理：风电产业即将面临的新难题，https://news.bjx.com.cn/html/20200407/1061268.shtml.

[206] GWEC，2020，《风电是实现全球经济复苏的重要引擎》，https://gwec.net/green-recovery-policy-recommendations/.

[207] 国家能源局，2013，关于印发《风电标准建设工作规则》、《能源行业风电标准化技术委员会章程》和《风电标准体系框架》的通知，http://www.nea.gov.cn/2013-10/12/c_132792051.htm.

[208] 华经情报网，2020，2020年我国风电轴承市场竞争格局与未来发展趋势，政策+市场双轮驱动为行业发展保驾护航，https://www.huaon.com/channel/trend/664472.html.

[209] 全景网，2022，风电轴承：风电产业链仅剩的价值洼地也要启动了？https://www.sohu.com/a/593448866_115124?spm=smpc.author.fd-d.5.1667197148972lg30TVj.

[210] 斯凯孚，2021，2021年半年报，https://investors.skf.com/sites/default/files/pr/202107191474-1.pdf. 瓦轴B，2021，2021年半年报，http://static.cninfo.com.cn/finalpage/2021-08-24/1210826036.PDF.

[211] 新强联，2020，首次公开发行股票并在创业板上市招股说明书，http://static.cninfo.com.cn/finalpage/2020-07-01/1207978287.PDF.

[212] 全国能源信息平台，2020，国产轴承能否打破“魔咒”成功走向大型化？，https://baijiahao.baidu.com/s?id=1657778171081905724&wfr=spider&for=pc.

[213] 百度文库，中国回转支承行业研究，https://wenku.baidu.com/view/a9e95a0fac51f01dc281e53a580216fc710a5334.html.

[214] 北极星风力发电网，2017，降低度电成本 提高自身竞争力，https://news.bjx.com.cn/html/20171011/854532-1.shtml.

[215] 中国储能网，2019，风电的开发利用、投资、技术、并网以及社会

经济效益，https://windpower.ofweek.com/2019-10/ART-330001-11000-30413214.html.

［216］搜狐网，2022，2022—2028年中国风电轴承行业市场深度评估及投资机会预测报告，https://www.sohu.com/a/525202083_121308596.

［217］东方风力发电网，2020，联合声明：风电是驱动全球经济复苏的重要引擎，http://www.eastwp.net/news/show.php?itemid=58318.

［218］中国政府网，2021，人民银行有关负责人就碳减排支持工具答记者问，http://www.gov.cn/zhengce/2021-11/08/content_5649851.htm.

［219］中国政府网，2008，财政部通知调整大功率风力发电机组进口税收政策，http://www.gov.cn/gzdt/2008-04/23/content_952511.htm.

［220］财政部，2008，《风力发电设备产业化专项资金管理暂行办法》，http://www.mof.gov.cn/zhengwuxinxi/caizhengxinwen/200808/t20080822_66448.htm.

［221］全国能源信息平台，2021，风电叶片成本分析、市场分析与玻纤/碳纤发展趋势分析，https://baijiahao.baidu.com/s?id=1689296723816998165&wfr=spider&for=pc.

［222］未来智库，2022，民用碳纤维行业研究：再论民用碳纤维的成长性与周期性，https://baijiahao.baidu.com/s?id=1735026738751455804&wfr=spider&for=pc.

［223］光大证券，2022，风电主导，各领域多点开花，碳纤维行业迎发展良机，https://pdf.dfcfw.com/pdf/H3_AP202202231548648488_1.pdf?1645603848000.pdf.

［224］光威复材，2021，2020年年度报告，http://static.cninfo.com.cn/finalpage/2021-03-30/1209475937.PDF. 中简科技，2021，2020年年度报告，http://static.cninfo.com.cn/finalpage/2021-03-30/1209476441.PDF. 中复神鹰，2022，招股说明书，http://static.cninfo.com.cn/finalpage/2022-03-30/1212728566.PDF.

［225］未来智库，2022，碳纤维行业专题报告：长期需求看好，国内有效供给有待持续释放，https://baijiahao.baidu.com/s?id=1728873696575284064&wfr=spider&for=pc.

［226］国家能源局，2017，中国式智慧破解低风速开发难题，http://www.

nea.gov.cn/2017-05/12/c_136277303.htm.

[227] 北极星风力发电网，2017，破译低风速高发电量密码，https://news.bjx.com.cn/html/20170209/807354.shtml.

[228] 国际风力发电网，2021，2021年碳纤维风电叶片行业发展现状及前景展望，https://wind.in-en.com/html/wind-2409633.shtml.

[229] 维普官方网站，2013，2050年我国风电装机或达10亿千瓦，http://www.cqvip.com/QK/93961X/20132/45734422.html.

[230] 中国高新网，2022，退役潮将至 风电叶片何去何从，http://paper.chinahightech.com/pc/content/202204/04/content_46687.html.

[231] 中国国务院，2022，加快形成绿色低碳运输方式，http://www.gov.cn/xinwen/2022-01/14/content_5668085.htm.

[232] 艾媒咨询，2020，汽车行业数据分析，https://www.iimedia.cn/c1061/74723.html.

[233] 格林美，2021，格林美2020年年度财报，https://pdf.dfcfw.com/pdf/H2_AN202104141484995631_1.pdf?1618437846000.pdf.

[234] 财联社，2022，2025年我国退役动力电池或达137.4GWh电池回收产值可超千亿，https://www.sohu.com/a/593504605_121335114.

[235] 吉林商务厅，2020，辽源动力电池回收及梯次利用生产线建设项目，https://chuneng.bjx.com.cn/news/20200120/1038043.shtml.

[236] 启迪桑德，2018，对外投资事项公告，http://www.cninfo.com.cn/new/disclosure/detail?orgId=gssz0000826&announcementId=1205467969&announcementTime=2018-09-27%2007:39. 宁德时代，2021，宁德时代投资公告，https://pdf.dfcfw.com/pdf/H2_AN202110121522145131_1.pdf?1634040522000.pdf. 国轩高科，2021，关于与肥东县人民政府签署合作协议的公告，http://www.cninfo.com.cn/new/disclosure/detail?orgId=9900001001&announcementId=1209428011&announcementTime=2021-03-23.

[237] 工业和信息化部等，2019，对十三届全国人大二次会议第3239号建议的答复，https://wap.miit.gov.cn/zwgk/jytafwgk/art/2020/art_e69d1ee74a4245a1954ea4f8f73ddec4.html.

[238] 合肥科技局，2021，关于开展合肥市级新能源汽车部分财政补助资

金清算的通知，http://kjj.hefei.gov.cn/zwgk/tzgg/14613773.html.

[239] 东方证券，2021，换电站运营，下一个千亿蓝海 新能源汽车换电站产业研究报告，https://www.sohu.com/a/488313989_121004207.

[240] 韦顺，2021，换电站：一个刚起步的景气赛道，https://www.163.com/dy/article/GRC4HERB05529GVE.html.

[241] 电动汽车观察家，2020，换电模式能否盈利？，https://new.qq.com/omn/20200813/20200813A04VON00.html.

[242] 协鑫能科，2021，2021年度非公开发行A股股票预案，http://www.gcl-et.com/uploads/002015_&e5&8d&8f&e9&91&ab&e8&83&bd&e7&a7&912021-06-15_2021&e5&b9&b4&e5&ba&a6&e9&9d&9e&e5&85&ac&e5&bc&80&e5&8f&91&e8&a1&8cA&e8&82&a1&e8&82&a1&e7&a5&a8&e9&a2&84&e6&a1&88.pdf. 北汽蓝谷，2020，非公开发行股票预案，https://pdf.dfcfw.com/pdf/H2_AN202008031396129237_1.pdf.

[243] 协鑫能科，2021，2021年第三季度报告，http://www.gcl-et.com/uploads/2021%20&e5&b9&b4&e7&ac&ac&e4&b8&89&e5&ad&a3&e5&ba&a6&e6&8a&a5&e5&91&8a.PDF.

[244] 广发证券，2021，车电分离直击痛点，重启销量增长引擎，http://pdf.dfcfw.com/pdf/H3_AP202008241400922207_1.pdf.

[245] 高工产业研究院，2020，中国新能源汽车“车电分离”模式经济性分析报告，http://www.elecfans.com/d/1304952.html.

[246] 华经产业研究院，2021，2021—2026年中国换电站市场调查研究及行业投资潜力预测报告，https://www.huaon.com/channel/trend/749081.html.

[247] 财政部，2020，关于进一步完善新能源汽车推广应用财政补贴政策的通知，http://www.gov.cn/zhengce/zhengceku/2020-12/31/content_5575906.htm.

[248] 国家发展改革委，能源局，2021，关于进一步提升充换电基础设施服务保障能力的实施意见（征求意见稿），https://www.ndrc.gov.cn/hdjl/yjzq/202105/P020210520358612965593.pdf.

[249] 海南省发展和改革委员会，2021，海南省支持电动汽车换电站建设的指导意见(试行)，https://www.hainan.gov.cn/u/solicitation/A2EC9F

DC194109899D6E0B3839E2B3BF.

[250] 重庆市经信委和财政局，2021，电动车换电站建设补贴方案，http://www.12365auto.com/news/20211018/464522.shtml.

[251] 北京财政局和城市管理委员会，2021，北京市电动汽车社会公用充换电设施运营考核奖励暂行办法，https://weibo.com/ttarticle/p/show?id=2309404688984155750688.